中国地质大学(武汉)2021年度本科教学改革研究立项项目(2021A86)
户外运动专业教学训练系列教程

攀 冰 运 动

PANBING YUNDONG

主　　编：牛小洪　何鹏飞
副 主 编：何丽娜　刘明坤　牛　笛
参编人员：李　伦　时鹏飞　张国文　向　杰
　　　　　张温柔　朱大海　黄　垚　聂　银
　　　　　陈岳峰　郭梓豪　董杨建

图书在版编目(CIP)数据

攀冰运动/牛小洪,何鹏飞主编. —武汉:中国地质大学出版社,2024.8.
　ISBN 978-7-5625-5907-8
Ⅰ.G881
中国国家版本馆CIP数据核字第2024AQ3666号

攀冰运动		牛小洪　何鹏飞　**主　编**
		何丽娜　刘明坤　牛　笛　**副主编**

责任编辑:韦有福	选题策划:韦有福　张　健	责任校对:张咏梅

出版发行:中国地质大学出版社(武汉市洪山区鲁磨路388号)	邮政编码:430074
电　　话:(027)67883511　　传　真:(027)67883580　E-mail:cbb@cug.edu.cn	
经　　销:全国新华书店	http://cugp.cug.edu.cn
开本:787毫米×960毫米 1/16	字数:275千字　印张:10.75
版次:2024年8月第1版	印次:2024年8月第1次印刷
印刷:湖北睿智印务有限公司	
ISBN 978-7-5625-5907-8	定价:45.00元

如有印装质量问题请与印刷厂联系调换

户外运动专业教学训练系列教程

编委会

主任委员： 王焰新　李致新

副主任委员： 赖旭龙　王勇峰　吕万刚　张志坚
　　　　　　　周建伟　董　范　庞　岚

委　　员： 次　落　毕克成　冯　岩　牛小洪
　　　　　　刘华荣　黄　静　李　伦　代新华
　　　　　　刘良辉　董　利　李　元　黄江华
　　　　　　陈　刚　杨　华　邓焰峰　马欣祥
　　　　　　罗　申　游茂林　刘仁仪

总序一

户外运动教学是以户外运动项目所共有的基本知识、技术、技能为主要教学内容,以培养学生参与户外运动及相关竞赛所具有的身体素质、心理品质和适应能力为主要教学目的,帮助学生形成完美人格、全面提高综合素质的系列体育课程,对促进学生成长成才具有健全独特的、不可替代的重要作用。

户外运动专业教学训练系列教材付梓出版,我由衷地感到高兴。这是近半个世纪来,我校体育教师科研团队在袁范教授的带领下,在特色体育教育教学领域中取得的最新科学研究成果。这一系列教材的出版,将有助于更多有志于从事户外运动的人士分享我校特色体育教学和科研成果,促进户外运动教学培训进一步规范、高效发展。

自建校以来,我校就以特色体育为方向,充分发挥学科专业优势,不断拓展体育教育的内容和途径。2012年5月19日8时16分,我校大学生登山队成功地从北坡登上海拔8 844.43m的珠穆朗玛峰顶峰,成为登上世界最高峰的首支中国大学生登山队,其中我校2011级户外运动专业硕士研究生陈晨成为全国第一位登顶珠峰的在校女大学生。当晚,校友、时任国务院总理温家宝向学校表示热烈祝贺,并指出:"这给我们一个重要的启示,那就是只要不畏艰苦和挫折,就一定能够达到光辉的顶点,这应该是我们的传统。"2013年5月4日,在"实现中国梦、青春勇担当"主题团日座谈会上,陈晨同学作为全国大学生代表,畅谈了她登顶珠峰的体会,受到习近平总书记的勉励和肯定。2012年9月,我校承办了中国登山协会主办的"中日韩三国大学生登山交流活动",在亚洲户外运动界产生了巨大的反响,进一步提高了我校户外运动的国际影响力。

从20世纪80年代开始,我校就把登山训练引入课堂教学,把登山的基本技术——攀岩,确定为学校体育必修课教学项目;20世纪90年代中期,又在国内首创了集体育学、地理学、管理学、气象学、医学等学科为一体的野外生存体验课,引入了智力与体力相结合的体育项目——定向越野。随后,我校又率先在国内开设了"户外运动"普修课。2005年我校开始招收全国第一届社会体育指导与管理(户外运动方向)专业本科生,由此而成为了全国高校户外运动课程和登山户外运动专门人才的"发源地"。经过我校体育教师多年的教学实践、研究与积累，户外运动的教学内容、方法、手段以及组织形式不断完善，逐渐形成了一整套较科学系统的"课内课外相结合"的教学模式和较全面的教学内容体系，得到了社会的广泛认同。2012年我校体育课部董范教授主持申报，杨汉、刘华荣、牛小洪、冯岩等骨干教师参与的"坚持特色教育，培养拔尖人才——创建登山户外运动教育教学体系的理论与实践"项目荣获湖北省教学成果二等奖。60多年来，我校先后有1万多名学生接受了各类登山户外运动训练，向国家登山队、攀岩队输送了多名高水平专业运动员，王富洲、李致新、王勇峰、次落就是其中的杰出代表。

户外运动的发展急需完善的人才培养体系提供理论支撑。面对社会的迫切需求，我校体育教师结合多年来开展户外运动教学的经验和科研积累，编写了一套面向户外运动相关专业的应用型教材。本系列教材内容丰富而系统，涉及户外运动教学的各个方面，具有如下鲜明的教学与实践特征：

(1)体系完整。本系列教材系统地总结了我校长期开展户外运动教学与实践积累的经验，吸收了近些年开展户外运动教学、实践与科研取得的最新成果，深入剖析了各户外运动项目之间的关系，并进行了有机组合，整个结构体系十分完整。

(2)内容丰富。本系列教材涵盖户外运动下辖的登山、攀岩、野外生存、定向越野、拓展训练等项目课程，内容涉及户外运动教学、训练、活动与赛事组织、营销等各个方面，教材中的很多内容都是我校优秀体育教师对多年教学、训练、实践成果的经验总结，具有较高的借鉴价值。

(3)注重实践。本系列教材在阐述基本理论的基础上，特别注重学生实践技术与技能的培养和锻炼，力求做到不断强化学生的思维能力、动手能力以及创造性解决问题的能力，促进学生理论知识水平和实践操作能力的全面提高，教学实践操作性强。

对从事户外运动的师生，本系列教材具有重要的学习指导价值。希望本系列教材的编写能够成为我国更多高水平、高质量的户外运动教材或专业书出版的起点，能吸引更多专业人士参与户外运动的科学研究，为促进我国户外运动事业科学、健康、快速发展做出更大的贡献！

中国地质大学(武汉)校长

总序二

欣闻中国地质大学(武汉)体育学院编写出版户外运动系列配套教材,谨致热烈祝贺。

户外运动是一项新兴的体育运动,是人们休闲娱乐的重要方式。随着我国经济社会的发展,特别是人民生活水平的提高,人们对高质量、有品位、有个性的生活和休闲娱乐方式越来越看重,并一直在努力追寻。户外运动作为一种愉悦身心、锻炼自我、亲近自然的生活方式受到广大群众的青睐。此项运动在全国发展十分迅猛,已逐渐形成了装备制造与销售、竞赛表演、培训服务等市场,有效刺激了户外运动装备、户外运动服务、户外运动赛事,甚至是旅游等相关产业的发展。户外运动已成为全民健身运动的重要组成部分和经济社会协调发展的重要促进力量,很好地推动了资源节约型和环境友好型社会的建设,传达了积极健康的生活方式和文明行为观念,为增进人与自然的协调发展和社会的和谐开拓了有效的空间。

促进户外运动健康有序地发展,是全社会非常关注的事情。中国地质大学(武汉)作为以地球科学为主要特色的重点大学,为我国的登山和户外运动发展做出了卓越的贡献,积累了丰富的成功经验。学校深知该项运动发展离不开高素质专业人才的培育,非常注重规范科学的教材建设,努力改变当前教材和教育教学与蓬勃开展的户外运动不相适应的状况。多年来,学校一直在酝酿编写户外运动规范教材,总结户外运动实践经验,不断提高户外运动教育教学的针对性和有效性。经过多方面的努力,终于完成了此套教材的编写。作者在教材的编写过程中,做到体育理论和运动实践的统一、人体运动科学和社会哲学的统一、理念战略和技术方法的统一,全方位、多层次、有重点地展示了户外运动的全貌,有利于广大读者和户外运动爱好者全面系统地掌握户外运动的基本内涵、重大意义、发展趋势、技术要领等知识和技能,从而推动户外运动健康有序地发展。可以说本套教材既可以作为开展户外运动教育的好教材,也是广大运动爱好者的理想读物;既有较强的针对性和时效性,又有严谨的科学性和较强的趣味性。

与天浮游、幕天席地是古人笃定的最为旷达的生活方式。"天地与我并生,而万物与我为一"。处在现代化和都市化进程中的人们,在繁缛的生活中向往着奔赴自然。户外运动成为了人们锻炼身体、亲近自然、回归自我、愉悦身心的重要方式。而教材的编写和出版发行,必将更好地推动该项运动的科学开展及其理念的普及,推进其大众化、规范化、科学化、系统化。

最后,衷心希望本套教材对户外运动及其教学发挥重要的作用,也希望本套教材不断完善,臻于完美,为我国户外运动的科学发展做出积极的贡献。

国家体育总局登山运动管理中心主任
中国登山协会常务副主席

前言

攀冰运动是一种运用专门的攀登技术和装备,通过克服自身重力,攀登自然冰壁或人工冰壁的运动。

该项运动是由现代登山运动衍生出来的一项运动。随着20世纪初登山历史中阿尔卑斯铁器时代的到来,即登山运动装备和技术发展期,欧洲的法国、意大利、英国、瑞士等国登山者在改进攀登工具的同时,制造出冰镐、冰爪等金属攀爬工具和设备并应用于登山活动,使得高难度山峰的攀登成为可能。攀冰运动也成为攀登技术型雪山的必修科目,更是登山运动的基本技能之一。

直至1967年,攀冰运动正式从登山运动中脱离出来成为一个独立的冬季运动项目。随着活动数量、规模、质量的提升,攀冰赛事逐渐确立完善了评判标准、比赛形式、竞赛规则,在国际攀登联合会的推动下,攀冰赛事活动从区域性发展走向国际化大发展,并有望在2030年成为冬季奥林匹克运动会(简称"冬奥会")的正式比赛项目。20世纪80年代后期,中国开始引入攀冰运动训练,并通过赛事和培训积极推广这项运动。特别是北京冬奥会的成功举办之后,国家提出"亿人上冰雪"的目标已达成,使我国的冰雪运动发展走上快车道,攀冰运动也乘势得到了快速发展。2002—2018年中国登山协会的攀冰技能培训班共开办74期,累计培养超过750名攀冰运动指导员、教练员。

攀冰运动的流行,参与人数的不断增加,人们对攀冰知识与技能的学习提出了更高要求,同时他们也认识到攀冰运动的风险性。2011年10月,国家体育总局将攀冰运动列为极具危险性的运动项目。然而,我国至今仍没有一本系统介绍攀冰运动知识与技能的专业教材问世,编者怀揣促进我国攀冰运动健康发展的初心,推动攀冰运动大众化的热心,字斟句酌,特编写此书。

本书依据体育教学原理,结合运动项目特点,依托本科专业教学实习,构建了学、练、赛、防四维多层的框架体系。从攀冰运动的概念、特点、分类到发展历程,从攀冰运动基础知识与技能到重要技术解析,从攀冰运动教学原则到教学设计,从攀冰运动基本训练方法到训练实施,从攀冰运动竞赛规则到竞赛的组织与管理，从攀冰运动损伤预防与处理到风险管理，内容涉及攀冰运动全过程，由浅入深，生动易懂，力求兼顾专业教学、培训和爱好者的不同需求。为此，本书可用于户外运动专业教学及社会体育指导员的培训，也可以作为攀冰运动爱好者的工具书。

本书在编写过程中得到了国家体育总局登山运动管理中心、中国登山协会培训部、高山探险部青少年部等部门的大力支持与帮助，在此一并表示感谢！

由于编者的理论水平有限且首次出版攀冰运动书籍，书中不妥之处在所难免，恳请专家及广大攀冰运动爱好者提出宝贵意见，以便修改完善。

编　者
2024 年 4 月 3 日

目录

第一章 攀冰运动概述 …… (1)
- 第一节 攀冰运动的概念 …… (1)
- 第二节 攀冰运动的起源与发展 …… (4)
- 第三节 中国攀冰运动的发展 …… (5)
- 第四节 攀冰运动的分类与难度等级 …… (6)

第二章 攀冰运动基础知识与技能 …… (10)
- 第一节 攀冰运动装备 …… (10)
- 第二节 冰况介绍 …… (16)
- 第三节 绳结技术 …… (18)
- 第四节 保护技术 …… (24)
- 第五节 下降技术 …… (30)

第三章 冰坡行走技术 …… (33)
- 第一节 冰坡行走概述 …… (33)
- 第二节 冰坡行走中的保护方式 …… (34)
- 第三节 冰坡行走的步法与应用 …… (37)

第四章 攀冰运动攀登技术 …… (44)
- 第一节 保护站的设置与拆除 …… (44)
- 第二节 冰壁的攀登方式与攀登技术 …… (53)
- 第三节 攀冰运动的基本攀登技术与技巧 …… (62)

第五章 攀冰运动教学 …… (74)
- 第一节 攀冰运动教学原则 …… (74)
- 第二节 攀冰运动教学方法 …… (78)
- 第三节 攀冰运动教学设计 …… (81)

第六章　攀冰运动训练 …………………………………………………… (91)
第一节　攀冰技能训练原则 ………………………………………… (91)
第二节　攀冰训练方法与基础理论知识 …………………………… (94)
第三节　攀冰训练计划制订 ………………………………………… (99)
第四节　攀冰训练计划实施 ………………………………………… (100)

第七章　攀冰运动竞赛 …………………………………………………… (106)
第一节　攀冰竞赛概述 ……………………………………………… (106)
第二节　攀冰竞赛组织 ……………………………………………… (108)
第三节　攀冰竞赛管理 ……………………………………………… (112)
第四节　攀冰竞赛规则 ……………………………………………… (114)

第八章　常见攀冰运动损伤的预防与处理 …………………………… (118)
第一节　攀冰运动损伤概述 ………………………………………… (118)
第二节　常见的攀冰运动损伤与处理 ……………………………… (122)
第三节　攀冰运动损伤的预防 ……………………………………… (131)

第九章　攀冰运动风险管理 ……………………………………………… (134)
第一节　攀冰运动风险管理概述 …………………………………… (134)
第二节　攀冰运动风险管理体系 …………………………………… (137)
第三节　攀冰运动风险的应急处理 ………………………………… (148)
第四节　攀冰运动风险管理事故案例 ……………………………… (150)

主要参考文献 ……………………………………………………………… (156)
附　录 ……………………………………………………………………… (158)

第一章　攀冰运动概述

攀冰是从登山运动中派生出来的一项新兴的冬季运动项目。攀冰运动所体现的冒险、刺激、技巧、力量、耐力、毅力使每一个参与的人充分发挥自我潜能,并体验惊险与挑战,收获极限的乐趣。

通过本章的学习,学习者将了解攀冰运动的基本概念、起源、特点、功能以及国内外的发展状况,对攀冰运动有一个系统的认识。

第一节　攀冰运动的概念

攀冰运动是从现代登山运动中衍生出来的攀登陡峭冰壁或冰瀑的一种运动,是攀登险峻雪山的必修项目,更是登山运动项目中的一种。它是一种运用专门的攀登技术,以各种装备作为保护或攀登的工具,通过克服自身重力,攀登自然冰壁或人工冰壁的运动。

一、攀冰运动的特点

攀冰运动集探险、竞技、健身、娱乐于一体,其亲近自然、挑战极限、超越自我的特性正吸引着越来越多的人参与其中。每项体育运动都存在不同于其他项目的特殊性,攀冰运动的特点主要体现在以下几个方面。

1. 运动场地的唯一性

攀冰运动是唯一一种在陡峭冰壁表面开展的运动。在人类开展攀冰运动之前,无数雄伟壮丽的冰山峭壁只能供人们欣赏其静态之美,自从有了攀冰运动,人类就开始不断地赋予冰壁以生命之美。这一特殊性吸引了无数人,让人们对攀冰运动产生了无限的好奇与遐想,从而使人们有一种想去体验的冲动和欲望。

2. 探险运动的危险性

攀冰是人类探索自然的行为,受自然环境、气候条件和装备器材等因素的影响和制约,其危险性不言而喻。这种危险性还源于它是一项在高空开展的运动,有脱落的可能。这要求每个参与者在思想上需要引起足够的重视,并通过不断实践,掌握相关技术,积累各方面经验。攀冰充满刺激和探险性,同时也存在一定的危险性。因此,没有攀冰经验的初学者一定要在有经验的教练指导下进行攀登,这样才能避免意外发生,保证人身安全。

3. 极限运动的挑战性

攀冰作为一项极限运动,对人的身体和心理都具有极大的挑战。攀爬者对攀登线路不断发起挑战,每次攀登都是不断克服困难并迎接挑战的过程,展现了人类的力量、勇气与智慧。

4. 竞技运动的观赏性

20世纪中期开始,攀冰作为一项竞技运动在世界各地迅速推广并取得长足发展。攀冰所涉及的比赛场地、装备器材、比赛规程、比赛规则、项目设置、竞技水平等各个方面日渐完善,其独特的技术装备、冰雪环境,刺激的身心体验,使这项运动被喻为"冰壁上的华尔兹",极具观赏性。

5. 大众运动的参与性

随着攀冰场地条件的不断改进和装备器材的不断升级,攀冰运动的安全性大幅提高,这为大众参与创造了必要条件。目前攀冰运动已成为大众追求时尚、放松心情的理想选择,成为众多户外运动俱乐部引以为傲的明星运动。

6. 复杂运动的创造性

攀冰是一项复杂的运动。攀爬者在攀登之前要根据冰壁状况、线路特点及个人能力制订出相应的攀登方案,并在攀登过程中不断变换攀登方法以应对突发情况。为保持公平、公正,竞技攀冰赛前组委会一般会遮挡攀登路线,这要求参赛选手必须时刻保持清醒,在攀登过程中冷静、迅速、果断地选择最佳攀登动作与路线。任何失误,哪怕仅仅是一个不合理的动作,都将导致攀冰失败。攀冰既具复杂性又具有无限的创造性。攀登的线路多在天然的冰壁上,也可能在人造冰壁上。线路的角度可分为俯角、直角、仰角等。冰壁结构的不同与攀登线路的不同,决定了攀冰没有固定的动作,要想成功攀冰就需要在实际攀登中选择与需求相适应的最佳动作与路线。

二、攀冰运动的功能

攀冰运动已成为人们生活的重要组成部分，对社会的发展发挥着重要的作用，包括健身功能、教育功能、娱乐功能、经济功能等。

1. 健身功能

体育锻炼可增强体质，促进人的全面发展。健身功能是体育运动的主要功能。体育运动的健身功能主要表现在以下几个方面：一是能改善和提高人体中枢神经系统的工作能力；二是能促进身体的生长发育，提高运动能力；三是能增加胃肠蠕动促进消化，加速营养物质的吸收，提高身体机能；四是能提高人体的适应能力；五是能提高人体免疫能力。

攀冰运动可以全面、协调地提高人体身体素质：首先，它可以使上肢、下肢和躯干的力量得到平衡发展；其次，可以增强身体的爆发力和耐力；最后，还可以提升攀冰运动员身体的协调性和灵活性。

2. 教育功能

体育的教育功能有两方面的含义：一是专指具有典型意义的学校基础教育；二是具有泛指意义的社会教育。在进行体育运动时，特别是在运动训练过程中，人体需要克服由运动产生的困难，以此培养人的意志品质，陶冶人的情操。强筋骨、强意志是体育运动的特殊功能，参与体育运动可起到"文明其精神，野蛮其体魄"的作用。

攀冰的过程实质是一个不断挑战困难的过程。攀爬者在攀登一条路线的过程中可能会面临恐高、脱落，甚至冲坠等危险，当攀爬者攀登完成具有一定难度的路线后，会倾向于挑战更大难度的路线。攀登运动中攀爬者克服恐惧、不断挑战更高难度路线的行为能培养他们挑战自我的决心，特别是培养青少年勇于攀登、永不言弃的精神品质。

3. 娱乐功能

体育的娱乐功能主要通过两个方面表现出来：一是体育本身所特有的魅力；二是人们参加体育运动所获得的乐趣。攀冰运动集竞技、娱乐、观赏于一体，独具魅力。攀爬者感受攀冰运动带来的刺激，观众感叹于它的惊险。国内外攀冰参与者数量日益增长，攀冰运动极大地丰富了人们的娱乐生活。

4. 经济功能

在商品经济社会，体育运动作为第三产业，以劳务的形式向社会提供服务。

但是，我们不能把体育看成一种纯消费性的行业，应注意发挥体育的经济功能，追求体育的经济效益。

目前，攀冰运动在专业装备、器材和服务领域已经形成了较为系统的生产、批发和零售体系，出现了专门经营攀冰活动的冰壁场和俱乐部，政府和企业共同组织的商业性攀冰赛事等。攀冰作为体育大家庭的一员，在经济社会中发挥着越来越重要的作用。

5. 其他特殊功能

攀冰运动具有探险性和刺激性，在登山、科学探险等领域中具有特殊功能。例如，在科学考察中，利用攀冰技术考察雪山和冰川的地质构造、气候变化和生态系统等。

第二节 攀冰运动的起源与发展

一、攀冰运动萌芽阶段

攀冰运动起源于早期的登山活动。攀冰运动真正被人们所熟知最早可追溯到1912年。当时在意大利库马约尔小镇的布伦瓦冰川举办了世界上第一场攀冰运动。

1918年后，随着登山历史中的阿尔卑斯铁器时代的到来，即登山运动装备和技术的发展期，欧洲的法国、意大利、英国、瑞士等国的登山者在改进攀登工具的同时，制造出如冰爪等金属攀爬工具和设备并应用于登山活动。

1959年，苏格兰的Jimuy Marshall和其他同伴将攀冰运动进一步概念化，攀冰运动由此从登山活动中衍生出来并成为一项使用特殊工具的攀登运动。至此，攀冰运动开始逐渐建立起自己独特的技术风格、攀登方式，同时配备了专用攀登器械。这一时期也可称为"技术形成期"。这一时期的运动装备主要以铁质攀登器械为代表，如岩钉、冰镐等器械装备。

二、攀冰运动成型阶段

1967年，攀冰运动正式从登山运动中脱离出来成为一项独立的冬季运动项目，并且成为全世界众多爱好者所认可和喜爱的户外运动项目。

1970年，俄罗斯首次举办攀冰比赛，此后每年举办一次。每年随着赛事数量、赛事规模、赛事质量的提升，大众对攀冰运动的认知度不断提高。通过攀冰赛事的推动，攀冰运动逐渐确立了比赛中相应的评判标准、比赛形式及竞赛规则。至此，攀冰运动路线难度等级逐渐形成了以欧洲和北美洲为主的两大格局。

得益于国际攀登联合会的大力支持和技术管理上的帮助，这一时期攀冰运动赛事较多，让攀冰赛事带动攀冰运动从区域性发展走向国际化大发展。以赛事促发展的阶段可总结为攀冰运动的"赛事推动期"。这一时期，各国分站式"攀冰世界杯"赛事活动和区域性赛事以及全国锦标赛事活动体系逐渐形成。

三、攀冰运动快速发展阶段

20世纪90年代末，北美洲和欧洲开始尝试举办各种类型的攀冰运动。如今，攀冰运动既可以实现在冰壁上进行速度攀登比赛，又可以在特制的"冰壁"上进行难度比赛（干攀）。每个攀冰世界杯分站式赛事分为速度赛和难度赛。

由国际攀登联合会主办的国际攀冰世界杯分站赛已在北京成功举办数次，分别在中国国家登山训练基地和北京房山金水湖两地进行。分站赛吸引了中国、俄罗斯、美国、韩国、日本等多个国家的攀冰运动员参赛，比赛精彩纷呈，赛事影响力持续扩大，为攀冰运动在中国的推广提供了重要动力。

与此同时，国际攀登联合会积极同国际奥林匹克委员会进行协商，推动攀冰运动成为冬奥会比赛项目。目前由国际攀登联合会主办，在各个国家开展的攀冰世界杯分站赛关注度不断提高，深受各国攀冰爱好者喜爱。攀冰世界杯赛事促使来自世界各国的选手进行攀冰技能的交流，通过攀冰赛事交流提升了攀冰运动员自身攀爬技术水平，同时扩大了攀冰运动的影响力。

第三节 中国攀冰运动的发展

一、引入阶段

20世纪80年代到90年代后期，随着中国山峰攀登活动的对外开放，外国登山者和探险者带来了关于户外运动的新概念。当时，外国来华人员主要进行山地穿越、山间滑雪、攀岩等户外活动，国内的一些探险、旅游爱好者开始接触并参与这些运动。

1988年中国登山队为准备中国、尼日利亚、日本三国联合攀登珠穆朗玛峰的活动,开展了攀冰运动的相关训练。20世纪90年代(1996年)中国引进了冰洞设置技术和先锋攀登技术,为攀冰运动进一步发展提供了技术支持。

二、发展阶段

1998年北京开始出现攀冰活动,以密云山区天然冰壁为主要场地,那时的参与者主要是在华的外国人,其中不乏一些旅居国外的华人。他们每年冬季不远万里来北京参加攀冰活动。从1999年第一届龙庆峡攀冰节到2022年利群杯第五届全国攀冰锦标赛,国内有越来越多的人开始关注这项特别的运动,攀冰运动也成为当下我国时尚的极限运动项目之一。

2001年国内首次采用了人工方式浇筑冰瀑,逐步摆脱了天然冰瀑不足和场地分散的限制。2011年10月,国家体育总局将攀岩、攀冰、高山探险、山地户外运动4项户外运动项目列为极具危险性的运动项目。2002—2018年,中国登山协会共开办约74期攀冰运动技能培训班,累计培养750名攀冰运动指导员、教练员。

近年来,随着我国北京冬奥会的成功举办,国家提出"三亿人上冰雪"的目标已达成,使我国的冰雪运动发展走上快车道,攀冰运动也乘势得到了发展。2019—2020年长春市连续举办了两届攀冰世界杯,带动了国内攀冰赛事的发展,同时各地区以攀冰运动为主题的攀冰节、攀冰嘉年华等商业活动也得到了极大发展。

第四节 攀冰运动的分类与难度等级

一、攀冰运动的分类

攀冰在欧洲、北美洲以及亚洲等地是一项与滑雪、滑冰一样非常流行的冬季运动项目,至今已有近百年的历史。如今,攀冰已发展成场地丰富、攀登方式多样、竞技项目齐全、大众广泛参与的冰雪运动。攀冰的表现方式丰富多样,其分类无法从某个单一的角度划分。下面分别从场地类型、攀登方式和比赛项目等角度进行逐类介绍。

（一）场地类型分类

1. 自然冰壁攀登

自然冰壁攀登是指在自然环境中形成并在冰壁上进行攀登的运动。

（1）主要优点：能充分融入自然，不断发现新路线，有机会攀登多条线路，过程更具挑战性。

（2）主要缺点：危险性高，受气候影响较大，攀登场地的通达性较差。

2. 人工冰壁攀登

人工冰壁是指人工设计、建造的冰壁，主要包括室内攀冰馆和户外冰壁。人工冰壁攀登是指在人工冰壁上进行攀登活动。

（1）主要优点：安全性高，受气候影响小，交通便利，过程更具观赏性。

（2）主要缺点：冰壁造型相对固定，攀登路线创新性有限，冰壁维护费用较高。

（二）按保护方式分类

1. 顶绳攀登

顶绳攀登是指保护点设在路线顶部的攀登，与其对应的是上方保护方式。顶绳攀登要求保护点牢固、可靠，因为攀爬者一直处于保护点下方，要确保攀爬者在整个攀登过程中不会发生冲坠的现象。

2. 先锋攀登

先锋攀登是指用膨胀钉和挂片等器材在向上攀爬的过程中，在攀登线路沿线设置保护点来确保攀爬者的安全，与其对应的是下方保护方式。攀爬者在攀登过程中依次将保护绳扣入保护点的快挂中。这种攀登形式可能会发生冲坠，比顶绳攀登要危险，需要攀爬者掌握一定攀冰技能。

（三）按比赛项目分类

1. 速度攀冰

速度攀冰采用顶绳攀登和上方保护的方式，以快速完成攀登为主要目标。速度攀冰是指攀爬者攀登由定线员在赛前专门设定的速度路线，是一项比拼攀爬速度的比赛。攀登速度越快，成绩越好。

2. 难度攀冰

难度攀冰采用先锋攀登和下方保护的方式，以攀登完成具有一定难度的路线为主要目标。难度攀冰是指攀爬者依次攀登由定线员在赛前专门设定的难度线路,是一项在相同的时间内比拼攀爬高度的比赛。攀登高度越高,成绩越好。

3. 干攀(室内岩壁攀冰)

干攀是利用冰镐和冰爪进行攀爬的一项运动。在室内人工岩壁中,线路可以自己设定,攀爬者可以用干攀的器材装备进行钩挂,在形式上接近于攀岩,根据攀爬难度进行比赛。

二、攀冰难度等级

季节性冰壁,也就是冬天所见的冰瀑布,其相应的攀登难度等级为WI(water ice)系统,同时也是攀冰界最常使用的线路难度评级系统。攀冰的难度是由有经验的攀爬者首次攀登后确定的,以不随季节和时间变化的阿尔卑斯攀登路线为参照物。

具体分类如下。

WI1:非常缓的冰坡,以行走为主,偶尔需要使用冰镐。

WI2:连续性的60°的冰壁,当中可能会出现一些鼓包,保护点容易设置且很可靠。

WI3:连续性的70°的冰壁,当中混合着较长的80°~90°的冰壁,有比较好的平台可以利用,放置冰锥较容易且很可靠。

WI4:连续性的80°的冰壁,混合着较长的垂直冰壁,当中有较平缓、可供休息的地方,冰锥的设置较容易。

WI5:长距离且陡峭的冰壁,即一个绳距长度为85°~90°的冰壁,好的休息点不多,或者是一个较小的薄冰壁,放置冰锥比较困难。

WI6:整个绳距都是接近垂直的冰壁,中途没有休息点,或者仅是一个较小的休息点,但比WI5更费力,对技术的要求非常高。

WI7:类似WI6等级,但冰壁是非常薄的黏合性冰壁,或者是负角度岩壁上结合不牢固的冰柱;保护极为困难,冰况极差,或者根本无法放置保护点。

☆本章小结☆

(1)攀冰运动具有运动场地的唯一性、探险运动的危险性、极限运动的挑战性、竞技运动的观赏性、大众运动的参与性、复杂运动的创造性等特点。

(2)攀冰运动具有健身、教育、娱乐、经济及其他特殊等功能。

(3)攀冰运动起源于欧洲早期的登山活动,1967年正式从登山运动中脱离出来成为一项独立的冬季运动项目。20世纪80年代到90年代,外国来华人员将攀冰运动带入我国,随即受到我国户外爱好者的喜爱。2022年北京冬奥会的成功举办,把包含攀冰在内的冰雪运动发展推向了新的高潮。在30多年的时间里,攀冰运动在我国飞速发展。

(4)攀冰运动按照场地类型的不同可分为自然冰壁攀登、人工冰壁攀登;按照保护方式的不同可分为顶绳攀登、先锋攀登。目前攀冰运动所设置的比赛项目有三种:速度攀冰、难度攀冰、干攀(室内岩壁攀冰)。

第二章　攀冰运动基础知识与技能

攀冰运动是一项具有高风险性的冬季运动项目,因涉及较为复杂的技术动作、装备使用以及冰壁状况的识别与判定,所以相关基础知识与技能学习十分重要,也是安全开展攀冰运动的必要前提。

通过本章的学习,学习者可以掌握攀冰运动的基础知识与技能。本章详细介绍了攀冰运动使用装备的型号、分类等,并学习各装备的使用方法;学习识别冰壁类型以及判定冰壁的安全程度,掌握绳结技术、保护技术、下降技术。

第一节　攀冰运动装备

一、个人装备

1. 头盔

攀登专用头盔需要特殊的材料,在硬物坠落撞击产生较大冲击力时,头盔会产生裂纹,目的是分散重力对头、颈部产生的冲击力。

头盔的正确佩戴方法是正直地戴在头上,不得仰起、下扣等,严禁将后脑勺暴露在头盔之外,如图2-1所示。在较复杂地形上攀登时,攀爬者当听到上方有掉落东西(如落冰、掉镐)的声音时,不能抬头看向上方,正确的做法是将头部贴近冰面,直到确认安全为止。休息时严禁坐在头盔上,运输中要避免头盔剧烈碰撞,避免被挤压。

2. 手套

在攀冰运动中,天气较为寒冷,身体四肢末端血液流量减少,微循环受到极大影响,导致手指的活动能力减弱,使一般的技术操作变得非常困难。同时手指也是人体最容易冻伤的部位,因此选择正确的手套类型与佩戴方式是非常重要

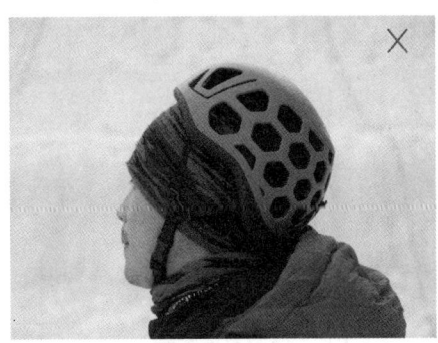 

图 2-1　头盔错误及正确穿戴对比图

的。手套按照形状可分为并指手套和分指手套,在攀冰运动中大多使用分指手套(图2-2),且多为聚酯纤维或羊毛面料。外层面料还兼具防风防水功能,这类手套具有隔离空气的效果,起到保暖的作用。

使用时应注意,手套口应盖过衣服的袖口,以达到最佳的保暖效果。在攀冰过程中,可能会遇到水冰或冰融化的情况,导致手套被打湿,降低运动的安全性,引起人

图 2-2　分指手套

体不适,运动效果大打折扣,所以攀爬前最好准备1~2副备用手套。

3. 安全带

在攀爬者发生冲坠时,安全带可以最大程度地缓解这些冲击力,从而对攀爬者施以保护。安全带可分为全身式安全带(胸式安全带)和半身式安全带(坐式安全带)。攀冰运动一般选择坐式安全带,如图2-3所示。

坐式安全带的承重受力点在腰间。坐式安全带常用于登山、攀冰、攀岩等活动中,优点是穿着舒适、方便。缺点是出现冲坠后对保护员和攀爬者的技术要求较高,如操作不当,极易出现危险事故。

4. 登山鞋

如图2-4所示,登山鞋由鞋底、鞋帮和鞋面构成,主要目的是使脚部在崎岖山地上免受伤害,缓解长距离徒步对脚底的损害,在高寒地区以及陡峭湿滑地面可以提供良好的保暖性,鞋底附着摩擦力。登山鞋根据功能和用途可分为高山、

图 2-3 坐式安全带

徒步越野、攀岩、休闲等类型,每一种类型会根据不同的活动需求进行相应的特殊设计。

攀冰运动使用的登山鞋又称为登山靴,具有防水、保暖、耐磨的特点,完全是为搭配冰爪在雪地冰面行走而设计的。鞋底因更好地贴合冰爪被设计为难以弯曲的直面,鞋面前后设有坚硬的冰爪卡槽,鞋帮通常设计成高帮以给予脚部更多支撑力,防水性和保暖性也更好。

图 2-4 登山鞋

使用时应注意,在攀登活动开始前要修剪脚指甲,避免挫伤;对于具有防水性和缝制鞋面的登山鞋,定期对缝合线部分及皮面进行打油、打蜡,可以有效延长使用寿命和维持户外性能。

二、技术装备

1. 冰镐

如图 2-5 所示,冰镐是攀冰运动中用途最为广泛的一种装备,是该运动发展历程中的标志性装备。冰镐的结构分为五大部分,即镐头、镐尖、镐柄、腕带和柄尖。按照功能及特点分类,冰镐可分为行走冰镐和技术冰镐。

行走冰镐:在攀冰运动中对它的使用就如同手杖一样,同时可以完成滑坠制动、偶尔的砍劈台阶等动作。它的长度通常设计为 60~70cm,因为该尺寸在行走中使用最舒适。镐头通常为铲头,镐尖设计为直立状。镐尖略微弯曲以便简单地钩挂,镐柄非常结实,可以配合绳子使用,对攀爬者起保护作用。

技术冰镐：当在一些陡峭的雪或是冰的地形中攀登时，用到的冰镐多为技术冰镐。技术冰镐要成对使用，镐头配以锤头和铲头，以应对复杂的地形条件。它的长度通常为50cm，镐尖角度弯曲更大，形成"鹤嘴"以更好地进行勾挂，镐尖也更加锋利，以便更好地打入或拔出冰面。镐柄设计为弯曲状或是弧形，攀登陡峭地形时会更加省力、舒适，因此它也被称为曲镐。

使用冰镐时应注意，在雪坡上行走时，不要让冰镐脱手，腕带更要避免挂住冰爪，以免产生滑坠；在攀登中，如要放置冰镐在冰面上，一定要确保其牢固地打入冰面，夏季或有太阳直射时要尤为小心，以免冰川融化而使冰镐掉落或丢失。挂入安全带时也要确认铁锁全都扣入镐头上的孔环内。在每次使用冰镐之前，应先检查镐柄有无严重的凹陷，否则在重压之下可能会发生折断。每次攀登结束后，要将冰镐上的泥沙清理干净，所有的锈斑也要去除。要经常检查镐尖和镐头。要用锉刀将它打磨尖利，进行打磨时不要用电动的研磨机器，因为高速研磨会使金属过度受热而改变其性能，最终导致冰镐金属强度降低。不使用时，应当将冰镐的镐尖和镐头部位专门保护起来，以防运输、携带途中受损或伤及他人。

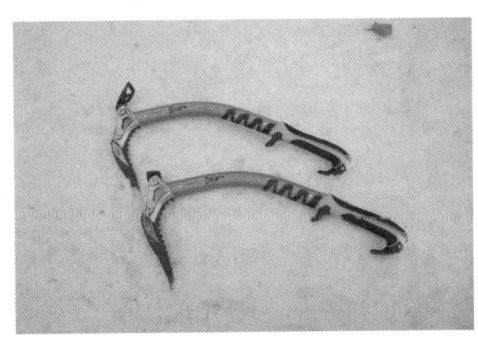 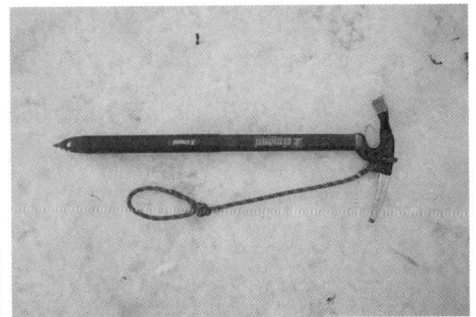

图2-5 冰镐

2. 冰爪

冰爪是攀冰活动中必不可少的技术装备，配合登山靴使用，适用于陡峭或光滑的冰雪地形。它由爪齿、收紧系统、阻雪板三部分组成。目前市面上冰爪的种类繁多，可按用途、穿戴方式、齿形状及数量分类，攀爬者可按照活动需要进行选择，如图2-6所示。

要注意，每次使用前后都要仔细检查爪齿和收紧系统的连接部位，防止松动；为了保持冰爪的良好性能，每次攀登开始或结束后都要用干布把冰爪擦拭干净,并喷涂防锈剂;当齿尖被磨平时,需要使用锉刀进行手工打磨,严禁使用电动磨砂轮打磨,否则会大大降低其金属强度。

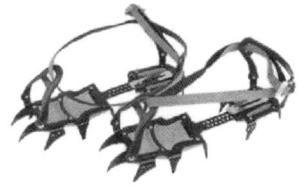

图2-6 冰爪

3. 冰锥

冰锥的作用类似于岩钉,是在冰面上建立固定保护点,如果攀爬者发生滑落,冰锥是唯一的保护装置。冰锥的结构大致分为锥尖、锥管、螺纹、锥头和摇把等部分。通过强度、耐久力和使用习惯多方面测试,目前钢质管直径为17mm的冰锥被广泛使用。冰锥的套头直径通常长8cm,这是为了更好地旋入发力。在头部的套环设计上,无论是外缘还是内缘都要很光滑,以避免旋入或扣锁后对手套和铁锁产生磨损。摇把的发明大大提升了冰锥旋入和旋出的速度与效率(图2-7),使得攀爬者更加轻松地挑战更高难度的路线。

在使用冰锥时应注意,一定要选择冰况良好且冰层较厚的地方,尽可能将冰锥

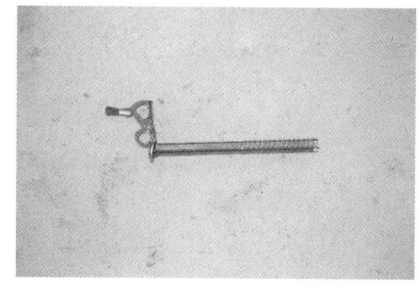

图2-7 冰锥

旋至其根部,如果冰面很薄,应避免旋到岩石上;当冰锥内部有冰雪残存时,不得使用冰镐或冰爪敲击,要通过加温或用冰钩慢慢进行清理;每次使用后要及时擦干,避免生锈,保存时要用保护套将整个锥管和锥尖保护起来。

4. 保护绳

对于攀爬者来说,保护绳是最基本也是最重要的装备,在大多数的攀登活动中,保护绳关乎攀爬者的生命安全,它是攀爬者的生命线。保护绳由绳皮和内芯组成。绳皮和内芯都是由尼龙纤维制成。每股内芯都是将很多纱线拧成一大股

或三小股,再用环绕的方法制成,这样内芯才具有动力绳的延展性能。大多数的重量和冲坠力量都由保护绳的内芯来承担,绳子的耐磨性主要靠绳子表皮的厚度和缠绕的圈数来决定。

保护绳按用途不同可分为动力绳、静力绳和辅绳。动力绳是指在攀登中,可以为攀爬者提供动态保护的绳子。动力绳在受力后可以靠自身的动态延展性减少对攀爬者的冲击。静力绳则相反,由于其材质基本没有弹性,所以多用在一些静态操作中,如下降、探洞等。辅绳则是辅助攀登用的绳子,可用来制作保护站、抓结、备份保护点等。

在使用保护绳之前要仔细检查,用手将保护绳捋一遍,检查其粗细是否均匀,有无鼓包,有无明显变软或变硬的地方,有无破损;使用时要避免踩踏,远离化学试剂,使用绳包进行操作;使用后注意将所有绳结解开,放置阴凉、干燥、通风处,避免潮湿和热源。保护绳不需要经常清洗,如需清洗,应使用清水冲洗即可,如需添加洗涤剂,必须使用专业洗绳液,然后风干。

5. 下降器

下降器是利用器械与绳子产生摩擦力,让绳子因摩擦减速或停止滑动,以实现减速下降的器械。下降器可用来完成对攀爬者的保护或者下降操作。

使用时应注意,下降器是利用摩擦力进行制动的,容易产生高温,同时铝合金具有良好的导热性能,所以使用后不要马上用手触摸,避免烫伤。在下降、保护过程中,头部、手、衣服都应与下降器之间保持一定的距离,以免卷入下降器中。在下降位置距离起点大于20m时,由保护绳自有的重力、下降的速度等因素会使下降器难以控制,因此建议攀爬者要配合抓结使用。

6. 铁锁(主锁)

铁锁是攀登过程中不可或缺的装备。目前绝大多数铁锁都由7075号铝合金制成,用铁锁命名,只是语言习惯,并不代表锁的材质全部是铁。现今攀登中常用的铁锁类型主要有B型锁、D型锁、O型锁和HMS梨形锁。

使用时应注意,尽量避免将铁锁直接与金属物体连接,因为金属物体容易对铁锁产生损坏。在使用过程中必须拧紧锁扣,并保持铁锁呈纵向受力。在使用过程中要经常检查铁锁的位置、锁门,避免铁索横向受力以及锁门在活动过程中因摩擦误开。如果铁锁从8m以上的高度坠落在坚硬的地面或物体上,则该铁锁不能再继续使用。

攀冰运动

第二节 冰况介绍

了解冰况是正确设置冰锥和确保攀爬安全的必要措施,正确地判断冰况可以避免许多不必要的危险。攀爬者可以从冰的类型、颜色和形态方面对冰况进行综合判断。

一、冰面类型划分

1. 缓慢流动水体表面的非均相冰

非均相冰为最坚固的冰,如人工制造的攀冰场内用自来水浇灌形成的冰壁,如图2-8所示。人造冰壁的冰况较稳定且坚固。

图2-8 人造冰壁

(图片来源:百度图片)

2. 天然冰瀑

天然冰瀑的主体也是由流水形成的,但其中会掺杂一些杂质,如水中的空气也会被冻结,如图2-9所示。天然冰瀑的冰况比较复杂,需要综合判断,如果冰壁表面带有针状体冰块往往说明此冰壁不够稳定。

图 2-9 天然冰壁

(图片来源:Baker Mountain)

3. 冰川冰

高海拔攀登时常见冰川冰,这种冰源由年复一年的积雪经过重结晶、冻融作用形成,较稳固,如图 2-10 所示,但由于不同海拔地区的积雪周期不一致,导致这种冰的强度也有所差异。陈年冰川冰是最为稳固的,而冰河中的冰川就不一定稳固了。

图 2-10 冰川冰

(图片来源:Baker Mountain)

二、冰的颜色分类

1. 透明冰

透明冰也叫玻璃状冰,是含杂质最少的冰,通常含有较少的空气,因此具有较大的密度,冰质最好,但一般不会太厚。

2. 蓝冰

蓝冰是指一种具有塑性的、透明的浅蓝色多晶冰体,是光散射作用的结果。这种冰含杂质较少,形成了稳定的固体流,同时这种的冰厚度极大,冰况较好。

3. 灰色冰

灰色冰表面密布气孔,密度较小,故风险性较高。

注意:如果冰中出现中空、分层、泥泞、充气(白色外观具有明显的气穴)、锯齿状、花椰菜等形态(图 2-11),说明冰的强度较低。

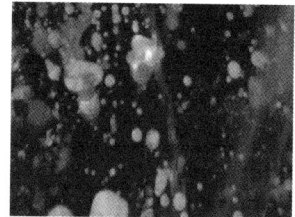

图 2-11 常见的三种危险冰状

第三节 绳结技术

在攀冰过程中,绳子要与其他保护装备、固定点以及绳子自身产生各种连接。绳结技术是确保安全攀登的基本技术。绳结技术学起来很容易,但是要做到学以致用还是很难的,需要在实践中不断总结经验,根据实际情况采用高效、安全的解决办法。

打结后绳子的内芯和表皮的纤维受力会不均,致使绳子的强度有所削弱,如果一条绳子在不打结的状态下强度是 100%,那么在打结情况下,其强度是多少呢? 表 2-1 说明了当绳子在这些常用绳结使用时的相对强度。

表 2-1　不同绳结下的绳索相对强度(据 Craig Luebben,2002)

绳结	相对强度/%
无绳结	100
双"8"字结	70~75
布林结	70~75
双渔人结	65~70
水结	60~70
单环结	65~70
单结	60~65
双套结	60~65
平结	45

一、连接固定点的绳结

1. "8"字结

"8"字结多用于攀登或与保护点的连接。在攀登过程中,保护绳必须用"8"字结直接与安全带的攀登环相连接。优点:简单易学,容易辨认正误,强度相对较大,不易松开;缺点是大强度受力后不易解开,如图 2-12 所示。

攀登中"8"字结使用得最频繁,使用此绳结的注意事项如下:①受力绳圈要尽量与安全带连紧;②绳结连接的部位必须是安全带的攀登环,并非保护环或其他部位;③打好结后一定要将各部位调整理顺,以保证强度并易于检查;④打好结后一定要将绳结收紧,松垮的外形是不安全的;⑤绳尾打好末端处理后,还要预留 10cm 左右的长度,但也不能过长以免影响操作;⑥攀登前一定要再次检查绳结的安全性,确认无误。

2. 布林结

布林结打法简单，容易调节。如图 2-13 所示，布林结即使在承受过反复冲击之后仍然很容易解开，所以它同样适用于高难度的运动攀冰路线，也适用于顶绳攀登以及其他可能反复发生冲坠的场合。布林结用于连接身体或安全带时必须加防脱结，否则很容易松脱。防脱结打在绳圈上，要紧贴布林结。在绳圈上扣锁时，防脱结可能会妨碍操作，这也是许多人更愿意使用"8"字结的原因之一。

图 2-12 "8"字结

图 2-13 布林结

3. 蝴蝶结

蝴蝶结主要用于三人及以上结组中连接中间的人。蝴蝶结可以承受任何一端或绳圈的拉力，而且不会松开。打完结后两绳头成一条直线，在结组过程中十分实用。如图 2-14 所示。

无论在登山还是在户外活动中都可以使用蝴蝶结，其主要用途如下。

(1) 在攀冰（冰川多人结组行进）中连接中间的攀爬者。

(2) 高空作业人员可将它做成脚踏环。

(3) 在野外需要拉绳作临时保护时，可将此绳结当作抓手。

(4) 如出现绳子破损，也可用蝴蝶结把破损部位隔开。

4. 双套结

双套结是一种最常见的连接中间开放性固定点的绳结（树桩、铁锁等），但当绳端负荷消失时易解开。优点是打好结后在不解开双套结的情况下易于调整保护员和保护点之间的绳索长度。它在登山修路和先锋攀登中被广泛应用，也可用作临时保护点，如图 2-15 所示。

图 2-14 蝴蝶结　　　　　　　　图 2-15 双套结

二、连接绳子间的绳结

在攀冰过程中,有时需要连接绳,如接绳子、做绳套。接绳的绳结在不同情况下有很多种,下面介绍一些常用的连接绳结。

1. 平结

平结打法简单,在户外用途甚广,它最早是被用在船只上,用来捆绑固定物体,后来逐渐被用在攀登过程中捆扎物体,但它绝不能直接作为攀爬用绳。如果在平结绳的首尾再各打上一个防脱结,就会形成平渔人结。平结不但可用于下降等操作,而且受力后比渔人结更容易解开,如图 2-16 所示。

图 2-16　平结

2. 渔人结

渔人结是一种用于连接直径相同且不太粗的绳索。它的特点是结构简单,强度大。它的打法是将两条绳索各自通过单结绑到另一条绳子上,再将两条绳子用力向两边拉即可。优点是强度大、结实,安全性高。缺点是受力后不易解开,尤其是湿的、细的或变软的绳子不能打此结,如图2-17所示。

3. 水结

水结用于连接扁带两端,并使之形成一个绳套,但强度低于机械缝制的扁带。这样制作出来的扁带可任意调节长度,且可以固定在较大的保护点上,如图2-18所示。

图2-17 渔人结

图2-18 水结

三、其他常用绳结

1. 抓结

抓结是一种将绳子缠绕进自身而形成的绳结。攀爬者在下降过程中利用抓结进行临时制动,可起到副保护作用;在救援系统中利用抓结起单向受力的作用;临时保护中,可替代上升器使用。打抓结的绳子应比主绳细且软,否则会影响使用效果,绳头需要用双渔人结连接。当抓结受力时会抓住主绳,不受力时抓结可以在主绳上上下移动,如图2-19所示。

2. 意大利半扣

意大利半扣是一种闭合的绳结,这种结必须与铁锁扣配合使用。意大利半扣可用于下降或者用于不产生冲坠情况下的顶绳保护,如图2-20所示。

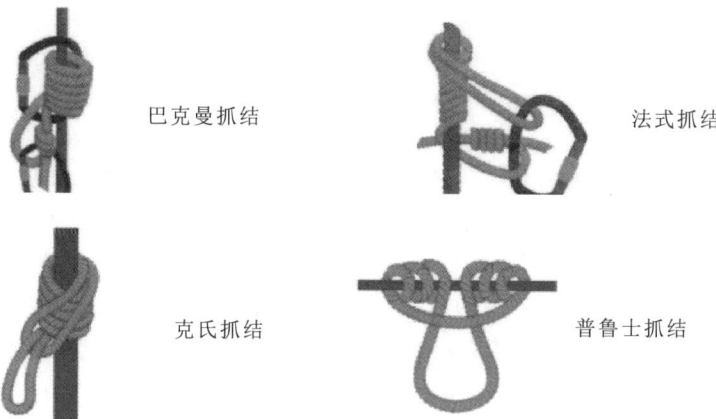

图 2-19 抓结

3. 单结

单结是最基本的绳结,多用于绳头处理时的副保护以及一些小直径绳子之间的连接。在用绳套或扁带连接多个保护点并建立保护站时,可以用单结形成均匀合力,如图 2-21 所示。

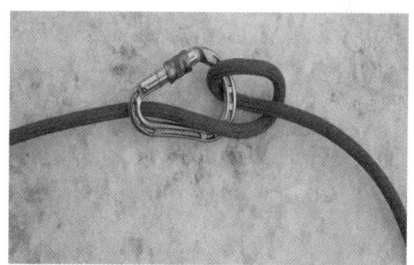

图 2-20 意大利半扣

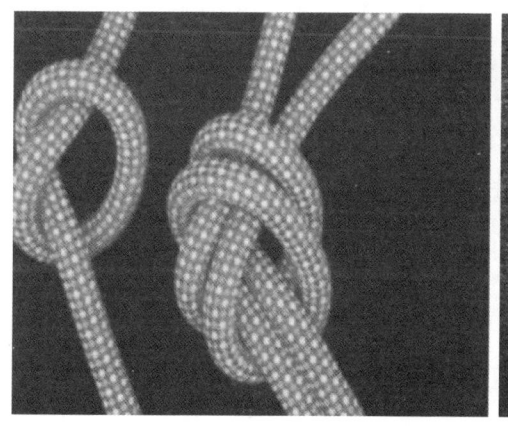
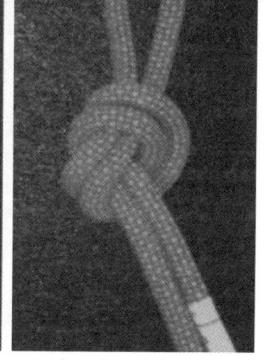

图 2-21 单结

4. 牛尾结

牛尾结的作用与菊绳类似,可以快速成为攀爬者的副保护,同时也可以用于下降和救援操作。牛尾结通常是一条连接到安全带攀登环的扁带套(也可用动力绳制作个人使用的牛尾结),攀爬者只要把这条扁带套用铁锁扣在保护点上,就可以腾出双手去进行其他操作。最简单的牛尾结就是一条长 120cm 扁带套,用单套结系在安全带的上下两个承重环上,它与保护环所处的位置相同。在扁带上扣一把丝扣锁,平常不用的时候,可以把扁带在腰间绕一圈,再把丝扣锁扣在安全带的装备挂环上,方便随时取用。在扁带中点或 1/3 长度处预先打好单结,需要时可以缩短牛尾结连接的长度。进行多段下降时,设置牛尾结的大小应根据下降操作的需要来定。

第四节　保护技术

在攀冰过程中,由于各种原因,攀爬者可能会出现脱落下坠现象,如果采取合理的防范措施就可以预防伤害事故的发生,保证攀爬者的人身安全。保护员利用动力绳、主锁、安全带、保护器等攀冰保护装置,给攀爬者在攀登过程中提供充分的安全保护。攀爬者完成攀登后,保护员要视具体情况决定是否需要帮助其回到地面。保护员要保证攀爬者下降时,不会撞击冰壁和掉落在冰面上,而且要尽量避免冲坠可能带来的扭伤、挫伤等风险。另外,还要保持绳子松紧度合适,以免妨碍攀爬者的行动。

按保护支点的相对位置,攀冰保护可以分为上方保护(顶绳攀登保护)和下方保护(先锋攀登保护)。

一、上方保护技术

(一)装备要求

上方保护时,保护员需要的技术装备见表 2-2。

表 2-2　上方保护时,保护员需要的技术装备统计表

名称	数量	规格与说明
安全带	1 条	坐式安全带
主锁	1 把	通过 UIAA、CE 等标准认证
保护器	1 把	ATC,"8"字环
手套	1 副	防滑耐磨
头盔	1 顶	通过 UIAA、CE 等标准认证
冰爪	1 副	通过 UIAA、CE 等标准认证

注：UIAA(Union International Alpine Associations)国际登山联合会认证；CE(European Conformity)安全合格标志而非质量合格标志。

安全带的选择一定要适用于攀冰运动。保护员可能会持续工作,因攀冰环境可能较寒冷,衣服需穿得多,所以一定要选择合适的安全带,为保护员尽可能提供最好的舒适度。因攀冰的环境温度较低,为防止保护器在寒冷天气下或结霜时失效,所以保护器不能选择 GRIGRI。选择其他保护器时,保护员一定要对其使用方法非常熟练,切忌直接使用新的保护器,否则会因使用不当导致较为严重的后果。保护员在保护的过程中必须戴头盔,并且要时刻注意上方攀爬者的动向(如是否落冰);如果站立在冰面上,保护员则需要穿戴冰爪。

(二)检查装备、口令沟通

一定要亲自动手检查装备,不能只用肉眼观察。例如,主锁的锁门很难用肉眼判断是否拧紧,需要动手检查才能进行判断。保护员应检查攀爬者头盔是否佩戴正确,安全带穿戴是否到位,腰带有无反扣情况,"8"字结打法及位置是否正确,冰爪是否穿戴正确等。攀爬者也应检查保护员头盔是否佩戴正确,安全带穿戴是否到位,腰带有无反扣情况,保护器与绳索的连接位置及方法是否正确,主锁是否拧紧,主锁是否连在安全带的保护环上等。

检查完毕后保护员应整理绳子,将多余的绳子放在自己保护一侧的绳包或防水布内,尽量让绳子保持干燥,双方利用口令进行沟通与确认。此环节贯穿整个攀冰过程。攀爬者和保护员要随时保持沟通,这样攀冰运动才会变得更安全,因为很多事故的发生源于沟通不到位。

(三)保护的操作方法

在上方保护中,通常用到"五步保护法"。

顶绳攀登保护的基本技术由五个连续的动作组成,本书以右手为制动手进行动作解析。

1."五步保护法"的基本步骤

准备姿势:左手(导向手)抓保护器上方的绳子,抓握位置以能伸直左臂为宜(尽量抓远些);右手(制动手)抓保护器下方的绳子,手尽量靠近保护器,但不能贴紧保护器,以免受力时被卷入保护器中,这样能自由收、放绳,提高工作效率。双手均以虎口处抓握绳子,便于发力。

第一步:双手配合发力,左手往下拽绳,右手往上抓绳。双手动作要同步,保持双手之间没有多余的绳子。

第二步:右手抓握绳子迅速向右后方下摆,返回到制动端,此动作一定要快,不得在第一步结束后停留。

第三步:左手从保护器外侧抓住制动端的绳子,抓好后双手紧贴。左手与保护器应保持一定的距离,以免手部被挤压。

第四步:右手再次抓握左手上方的绳子,回到准备姿势时的位置。

第五步:左手回到保护器上方抓握绳子。此时双手位置与准备姿势相同。

2."五步保护法"的注意事项或要点

(1)使用"五步保护法"时,保护员应随着攀爬者的位移、速度变化做出相应的调整。

(2)攀爬者完成手部动作后,保护员开始收绳,避免因收绳时绳子的摆动而影响攀爬者挥动冰镐。

(3)只要攀爬者向上发生位移,保护员就要完成一次"五步保护法"。

(4)如果保护员开始收绳,攀爬者突然停住或者返回原点,保护员的制动手应立即回到腰间的侧后方,即制动端,不可停留在第一步。如果此时攀爬者脱落,保护器与主绳的摩擦力将大大降低。

(5)每一步握绳,无论是左手还是右手,都要用握拳式抓绳,不可用手指捏绳。

(6)只要攀爬者在线路上出现停留,保护员一定要回到制动状态等待,即制动手放到保护器下方。

3. 结束攀爬后的保护技术

当攀爬者攀爬到线路顶端或准备脱落时,保护员要在第一时间迅速收紧绳子并准备将其放回地面,保护员的具体步骤如下。

(1)调整站位,以免绳子交叉或摩擦攀爬者的后背、腿部等。通常,保护员站到攀冰路线的侧后方。

(2)双手放到制动端握紧绳子,身体站稳,重心下降,双脚开立。

(3)与攀爬者沟通,准备放其下降。

(4)双手仍握住绳子,在虎口处缓慢松开,绳子随攀爬者的重心移动会慢慢滑动。如果此时保护员的位置离冰壁较远,保护员可以握紧绳子向前走,以达到放人的目的。

(5)在整个下降过程中,保护员需密切关注攀爬者。

(6)如果冰壁有角度,放人的速度以攀爬者回荡中不会撞击冰壁任何部位为宜。

(7)当攀爬者接近地面时,放慢放绳速度,确保攀爬者在接触地面时冰爪不会踩到绳子,在其双脚站稳后再充分放绳。

(8)待攀爬者站稳后迅速给绳,并帮助他解开"8"字结。

(四)保护过程要点

攀爬者一旦离开地面,保护员必须进入保护状态,按照"五步保护法"进行全程保护。在整个保护过程中,保护员的技术动作要规范,对于保护员绳子的松紧度、站位、移动和辅助保护等都有相应要求。

(1)绳子的松紧度。在攀爬者刚刚起步离开地面时,保护员要尽量收紧保护绳,防止攀爬者突然脱落或者因绳子弹性过大直接掉在地上。攀冰时保护绳的松紧度较攀岩时要更紧一些,由于冰上的着力点不如岩点牢固,因此攀冰保护时绳子要适当紧一些,减少脱落时的冲坠距离。当攀爬者即将脱落或者登顶后准备下降前,保护员一定要收紧绳子。

(2)站位。在攀冰过程中,保护器与绳子之间会产生摩擦力,以此来保护攀爬者。摩擦力越大,制动效果越好,保护越容易。保护器按照规定的连接方式连接即可,但保护点与绳子之间的摩擦系数很大程度上取决于保护员的站位。简单地讲,站位越靠近岩壁,顶绳夹角越小,摩擦力越大,制动效果越好,这要求保护员在保护过程中尽可能贴近冰壁。而且,保护员应该站在攀爬线路的侧后方,因为保护员站在攀爬者的正下方无法有效观察攀爬者的运动状况,无法有效地保护攀爬者,容易造成安全隐患。

(3)移动。在保护过程中,保护员要随着攀爬者的移动位置、速度快慢、线路变化等调整自己的站位。但是无论保护员怎么移动,保护员在移动之后都要迅速调整成制动状态,而且制动手无论何时都不能离开绳子。当攀爬者攀爬速度较快时,保护员要有意识地向后退。攀爬者休息或停留时,保护员要尽快调整自己的站位,但仍要贴近冰壁,站到路线的侧后方。保护员在移动调整自己的站位时注意不要将冰爪踩到绳子,并随时观察上方落冰等情况。

(4)辅助保护。攀冰相对于攀岩来说,存在更多的突发情况,因此一般会用到辅助保护。当攀爬者体重较大时,保护员可以在合理的站位后面设置锚点并与安全带连接,以免体重较大的攀爬者在脱落时将保护员拉到空中。在设置地面锚点时,连接锚点与安全带之间的扁带长度应适宜,扁带长度过长则辅助保护效果不明显,扁带长度过短,则会影响保护员的正确站姿。锚点设置在保护员制动一侧的后方,不可设置在保护员的前方或两腿之间,也可再由另一名保护员在第一个保护员的后方拉拽其安全带。

(5)下降。当攀爬者攀爬到线路顶端或中途放弃攀爬时,保护员要通过主绳与保护器将攀爬者匀速、缓慢地下放到地面安全地带。

(6)完成攀登、保护结束。只有攀爬者安全着地,保护员的保护工作才算结束。攀冰结束后,攀爬者向保护员致谢,保护员要协助攀爬者解开"8"字结,解除保护,并整理绳子。

二、下方保护技术

(一)装备要求

下方保护时,保护员需要准备的技术装备见表2-3。

表2-3 下方保护时,保护员需要准备的技术装备统计表

名称	数量	要求
安全带	1条	坐式安全带
主锁	1把	通过UIAA、CE等标准认证
保护器	1把	ATC、"8"字环
手套	1副	防滑耐磨
头盔	1顶	通过UIAA、CE等标准认证
冰爪	1副	通过UIAA、CE等标准认证

(二)保护前的准备

保护前的准备如下。

(1)观察地形。在保护员所能移动的最大范围内,预想攀爬者在任何时刻脱落时,保护员的站位及如何给绳。观察冰质,太脆的冰容易断裂,冰镐和冰爪抓不住,好的冰质表面冰层可能会稍稍发软,里层较硬,冰镐敲下去后冰不易破碎。

(2)掌握天气变化情况。除了一些人工浇筑的冰壁外,攀冰点一般设在深山峡谷中,但深山峡谷中的风很大,注意大风天气会不利于攀冰。

(3)自我检查以及相互检查。检查头盔是否佩戴正确,调节带的松紧度是否适中,安全带腰环、腿环是否反扣,攀爬者的装备是否带齐等。

(4)攀冰前相互沟通。确保保护员与攀爬者及时、有效地沟通,沟通内容与先锋攀登时相同。

(三)保护过程及要点

保护过程及要点如下。

(1)保护全程。保护员的制动手始终握住绳子制动端,注意力集中在攀爬者的状态和动作上。

(2)起步阶段保护。在攀爬者挂上第一把快挂之前绳子是不能提供任何保护的,因此保护员要做攀石保护动作。

(3)前三把快挂的保护。当攀爬者扣入第一把快挂的时候,保护员要迅速收紧,防止攀爬者在扣入第二把快挂之前脱落而直接坠落到地上。在攀爬者扣入第二把快挂和第三把快挂的时候,保护员做同样的处理。如果攀爬者在前三把快挂脱落,保护员几乎不能实施动态保护来防止攀爬者掉到地面上。

(4)站位。合理的站位可以保证攀爬者脱落后不骑在绳子上,从而确保给绳时攀爬者能灵活移动。第一把快挂挂上后站位不能太远,避免攀爬者脱落后直接坠落到地上。在攀爬者挂上第三把快挂以后,保护员可以站得稍远一点,以便更好地观察攀爬者运动状态,同时避免落冰等状况。

(5)给绳。给绳关键在于把握给绳的时机。准确判断攀爬者提绳的时机,同时保护员迅速给出适当长度的绳子。注意给绳不宜过早,如果攀爬者在这一刻脱落,会导致攀爬者冲坠的距离更远,冲坠系数更大,危险性也增大。也不要延迟给绳,这样会让攀爬者在拉绳的时候很吃力,从而影响攀登进程,甚至会使绳子脱落。可以通过移动或放绳来实现给绳,保护员最好移动到线路的下方,减小绳子和第一把快挂所形成的角度,以减少摩擦,便于攀爬者抽拉绳子。

(6)绳子松紧度。绳子不能太紧,以不影响攀爬者的攀登为宜。绳子也不能太松,以免攀爬者脱落时冲坠距离变远。攀爬者当将绳子提起但没有挂上的时候,应迅速收绳,这样可以判断绳子的松紧度。

(7)沟通。沟通贯穿于整个攀登、保护过程中,保护员应及时告知攀爬者将要面临的任何情况,以保证攀爬者的安全。

(8)预见性。集中精力,密切关注攀爬者的行为,并对攀爬者的行为要有一定的预见性,以便准确、及时地做出反应。

(9)冲坠。攀爬者冲坠的时候,保护员要在安全范围内给予最大的缓冲,即实施动态保护。保护员可以通过给绳、向前移动等方式实现动态保护。

(10)完成攀登。放攀爬者下降时,要匀速且缓慢,如需摘取快挂时要及时、准确地制动。

(四)下方保护的注意事项

(1)任何时候制动手都要握住绳子的制动端。

(2)选择最佳的位置和站立姿势。

(3)收绳子时,双手要协调配合。

(4)要集中精力,密切关注攀爬者的行为,并对攀爬者的行为要有一定的预见性。

(5)根据攀爬者的需要随时收放绳子,松紧度适中。既不能太紧(太紧会影响攀爬者攀爬),也不能太松(太松会在攀爬者脱落或滑坠时增加冲坠距离)。

(6)当攀爬者脱落时,不能立刻收紧绳子,而应给予一定的缓冲。但在先锋攀登前三把快挂脱落时因距离地面太近需要收紧绳子。

(7)当攀爬者处于或可能处于危险状态时,要及时给予提醒。

第五节 下降技术

在45°以下的缓坡、中等坡进行下降,因危险性小,一般不需要特殊的装备和技术,可在冰镐辅助下进行。

在45°以上的陡坡、峭壁进行下降,则必须有一定的装备和技术。下降方法主要有两种:三点固定下降法和利用器械下降法。

1. 三点固定下降法

三点固定下降法是岩石作业下降技术的基本方法,所用工具简单,便于在广大群众中推广。具体步骤是,利用双手握、双脚蹬牢三个支点,然后移动第四个支点。这种下降方法比三点固定攀登更加困难,因此一定要在上方设固定保护站。

2. 利用器械下降法

利用器械下降法是将主绳穿过在冰壁顶部保护站内的铁锁至中段,将绳尾抛至下方,下降者在腰部系好安全带,然后将主绳连接在下降器上,通过主锁扣在安全带的保护环上,左手握在主绳上端,右手在胯后紧握住从下降器穿绕出来的主绳。面向冰壁,两腿分开约成80°,蹬住冰壁,身体后坐,使躯干与下肢形成约100°,双手匀速缓慢放绳,开始下降。

(1)利用器械下降法的动作要领。下降时两腿分开,制动手紧握主绳,左右脚上下支撑,前脚掌蹬住冰壁,开始下降,臀部后坐同时制动手松绳,两脚交替向下移动,始终保持身体平衡,并观察下降路线。手脚的协调配合是维持身体平衡、顺利下降的关键。

(2)利用器械下降法的注意事项。下降速度的快慢取决于制动手握绳的松紧度。握绳越松,下降速度越快,一旦要停止下降,制动手将主绳拉紧使之制动。

为了使初学者尽快掌握下降动作,可增加抓结装置,即使用辅助绳在制动端打抓结,另一端固定于安全带腿环上。在下降时,制动手下移的同时也将抓结向下滑动,一旦发生冲坠,抓住绳结可以牢牢地控制主绳,从而起到保护作用。

在参加练习的人员较多时,还可增加一条主绳进行保护。采用上方保护方法,将绳的下端与下降者连接,这样不但可增加安全度,还可在一定程度上消除初学者的恐惧心理。

3. 下降注意事项

(1)下降前要有充足的准备,以消除恐惧心理,努力做到果断沉着,动作敏捷、准确。

(2)下降路线以坡度较缓而支点多者为佳。

(3)对于同样困难程度的路线,应选择距离较短且风险程度小者。

(4)不论采取何种方法下降,都应戴手套操作,防止擦伤。

☆ **本章小结** ☆

(1)开展攀冰运动必不可少的装备有头盔、手套、安全带、登山鞋、冰镐、冰爪、冰锥、保护绳、保护器、铁锁等。每件装备在使用前都需要仔细检查,并定期进行保养。

(2)按照形成类型不同,冰壁可分为缓慢流动水体表面的非均相冰、天然冰瀑、冰川冰。冰壁上透明冰(玻璃冰)的冰质最好,但不会太厚;蓝色冰的厚度极大,冰况较好;灰色冰表面密布气孔,密度较小,风险性较高。

（3）攀冰运动中常用的绳结共有 8 种："8"字结、布林结、蝴蝶结、渔人结、水结、单结、双套结、平结。要熟练掌握每种绳结的打法与使用场景。

（4）在开始攀登前，攀爬者与保护员要相互仔细检查装备穿戴与使用是否正确，保护员严格按照"五步保护法"进行保护，并听从攀爬者口令。

（5）在小于 45°的冰壁上，可采用三点固定式下降。当坡度大于 45°时，出于安全考虑则需要借助器械下降。下降时动作要准确精细，克服恐惧，选择支点较多的路线缓慢下降，佩戴手套以免擦伤。

第三章　冰坡行走技术

在不同场景下，攀冰运动需要不同的技术。在陡峭的冰壁上，攀爬者需要不断挥动冰镐进行攀登。在坡度相对较缓的冰坡上，攀爬者可以在相应的保护措施下，通过行走技术进行攀登，也可适当使用冰镐辅助。无论是缓坡还是较陡的冰坡，冰坡行走技术的合理运用对攀爬者提出了较高要求。

本章详细介绍了冰坡行走所需的保护与行走技术，指出了冰坡行走过程中的注意事项，该技术的学习有助于安全开展冰坡行走活动，为冰壁攀登技术学习打下基础。通过本章节的学习，攀爬者需要掌握冰坡行走的基本知识与技术，为参加攀冰运动打下坚实的基础。

第一节　冰坡行走概述

冰坡行走，通常也被称为雪坡攀登，是指在具有一定坡度的冰雪地带依靠冰镐、固定绳、冰爪、上升器等器械装备进行行走和向上攀登的运动。高山环境复杂多变，受冰川发育状况和天气变化的影响，攀爬者在一座雪山上往往会遇到不同角度、硬度、形状的冰坡，不同的地形对于攀爬者的要求也不同。因此，熟练掌握各种相应的技术对攀爬者而言是非常有必要的。

坡度是用以表征地形的倾斜度，常用于标记丘陵、屋顶和道路斜坡的陡峭程度。在不同坡度的冰面上，所用的行走与攀登技术也有所不同。对于冰坡行走而言，其技术一般适用于坡度小于或等于60°的冰面，当冰面坡度大于60°时，攀登方式将会转变为冰壁攀登，使用的装备和应用技能也会有所改变。不同的坡度有着不同的行走技术，以下坡度划分只作为攀爬者攀爬时相关技术运用的参考（表3-1），并未做具体定义。行走技术与坡度之间也并不是一一对应的关系，需要攀爬者根据自身的体能状况、冰雪状况、装备情况、周围环境等多种因素综合考虑，最终选择适合自己的最为安全的攀爬方式。

表 3-1 冰坡行走范围

坡度类型	角度范围
缓坡	<30°
中等坡度	30°～45°
陡坡	45°～60°
非常陡峭	60°～80°
直壁	80°～90°
俯角	>90°

第二节 冰坡行走中的保护方式

当冰坡角度较大时,就有必要利用器械为攀爬者提供保护。相较于冰壁攀登,冰坡行走无须专门设置保护站,通常冰坡行走的保护方式是铺设路绳并设置制动装置,以避免滑坠引起的危险以及对其他攀爬者造成影响。

一、路绳铺设

1. 路绳铺设所需装备

路绳铺设需要一名攀爬者率先通过先锋攀登的方式向上攀登,在攀登的同时连接冰锥与主锁、主绳等装备,并需要同时完成先锋攀登与路绳铺设两套操作,但不需要建立保护站,所需要的装备与先锋攀登有所差异。路绳铺设具体装备如表 3-2 所示。

表 3-2 路绳铺设装备清单

装备名称	数量	规格与说明
安全带	1 条	坐式安全带
头盔	1 顶	攀登用
冰镐	1 副	攀登用

续表 3-2

装备名称	数量	规格与说明
冰爪	1 副	攀登用
主绳	2 条	根据需要选择适当直径的动力绳与静力绳各 1 条
冰锥	若干	根据冰壁厚度选择适宜长度
快挂	若干	攀登用
手套	1 副	根据需要选择
铁锁	若干个	丝扣锁

2. 路绳铺设的操作步骤与要求

(1) 观察线路：在攀爬开始前要仔细观察线路，了解线路基本信息，对线路的观察越详细越好。其中包括冰坡的长度与坡度、线路走向、可设置冰锥的大概位置及数量、冰坡冻结的稳定程度、保护员可能的站位等。

(2) 穿戴装备：正确穿戴头盔、安全带以及登山鞋和冰爪，配备齐全攀登中所需要用到的主绳、冰锥、快挂、主锁、冰镐，可多携带 1~2 把冰锥与快挂作为备用。

(3) 理绳：攀登前需要通过捋绳将绳子理顺，检查绳子是否完好无损、有没有打结情况，并设置好绳尾防脱结。同时理好用于铺设路绳的静力绳，并在静力绳两端均设置绳尾防脱结。

(4) 连接保护绳：攀爬者在绳子另一端使用"8"字结将安全带与主绳相连接，并打好绳结末端做防脱处理，主绳必须穿过安全带的攀登环，切勿在先锋攀登中将用于攀登保护的主绳与保护环相连。在装备环中扣入一把主锁，将路绳一端的末端扣入主锁内，拧紧锁门。保护员连接好主绳与保护器即可。

(5) 检查与沟通：攀登前需要进行自我检查与相互检查，攀爬者与保护员相互检查装备穿戴是否正确，线路所需要的装备是否佩戴齐全。检查内容基本与顶绳攀登一致，差别在于需要确认携带的装备种类与数量是否有误，以及"8"字结连接是否正确。

(6) 攀登与自我保护：采用冰坡行走技术向上攀登，具体内容在后续冰坡行走的步法与应用中进行详细讲述。采用先锋攀登保护方式，具体内容在攀冰运动的攀登技术章节中已有详细描述。

(7) 路绳铺设：在冰坡行走的过程中，将冰锥拧入冰面并将冰锥、快挂、主绳连接后，在冰锥上再挂入一把主锁，将静力绳抽出一定长度后设置一个蝴蝶结，将蝴蝶结中间的绳圈扣入主锁内并拧紧锁门。在后续行走过程中冰锥的设置重复上述过程直至完成冰坡行走。

二、冰坡行走的自我保护

1. 冰坡行走所需装备

进行冰坡行走时所需的装备较少,除了携带必备的攀登装备外,还需携带上升器、辅绳等装备。冰坡行走具体装备如表3-3所示。

表3-3 冰坡行走装备表

装备名称	数量	规格与说明
安全带	1条	坐式安全带
头盔	1顶	攀登用
冰镐	1副	攀登用
冰爪	1副	攀登用
手套	1副	可选择
铁锁	2把	丝扣锁
上升器	1把	可用抓结替代
扁带	1条	长120cm

2. 冰坡行走的自我保护步骤与要求

(1)观察线路:在攀爬开始前要仔细观察线路,了解线路基本信息,对线路的了解越详细越好。其中包括冰坡的长度与坡度、线路走向等。

(2)穿戴装备与连接路绳:正确穿戴头盔、安全带以及登山鞋和冰爪等攀登所需的装备,尤其是保暖装备。将扁带绕过安全带中的攀登环并制作成牛尾结,一端与上升器连接用于行走,另一端与铁锁连接用于自我保护,随后将上升器与该段路绳连接,将铁锁扣入上升器手柄中并拧紧锁门。

(3)检查与开始行走:在与其他攀爬者确认装备穿戴与连接无误后,即可采用冰坡行走技术开始行走。

(4)保护的转换:行走到达保护点时,确认下一段路绳无人通行后,将自保铁锁扣入保护点上方的下一段路绳上并拧紧锁门,随后拆除上升器,将其正确安装到下一段路绳上,并将自保中的铁锁扣入上升器手柄中。

(5)行走完成并拆除保护:行走至冰坡末端后,在远离冰坡的安全位置即可拆除上升器和自保铁锁与路绳的连接,至此冰坡行走结束。

第三节 冰坡行走的步法与应用

在冰雪环境中,不会冰坡行走技术的攀爬者寸步难行。因此,掌握该技术是攻克冰坡地形与保护自身安全的关键。冰坡行走中的关键技术,体现在冰爪的运用上,也称为冰爪技术。在冰坡行走过程中除自身的重心移动以外,攀爬者需要根据对冰爪技术掌握的熟练程度,冰雪环境中坡度、冰况等诸多情况灵活地使用冰爪。

冰坡行走主要有三种技术:全齿技术(法式)、前齿技术(德式)和混合式技术,其中全齿技术和前齿技术是冰坡行走中最常用的两种技术。此外,三种技术各有优点但并不相互矛盾,在攀登过程中攀爬者需要熟练掌握冰坡行走技术,并根据复杂多变的冰雪环境选择适合自身的技术,在实际的攀爬过程中灵活应用。

一、冰坡行走的基本步法

(一)全齿技术(法式)

早在2000多年前,人类便发明了在鞋底放置铁钉制成简易"冰爪",便于人们在雪地和冰面上行走。1908年,Oscar Eckenstein 在法国的阿尔卑斯山区发明了10齿冰爪,全齿技术随即在广大登山者中传播。

全齿技术又称为法式技术,就是在攀登或行走过程中要求冰爪除前齿外的其余立齿完全接触冰面并与之咬合,以支撑身体的重量,保证最大的稳定性并达到维持身体平衡的目的。这种技术在行进时主要由大腿发力,因此较为省力,熟练掌握后可以极大减小攀登时的体力消耗。全齿技术一般适合于40°以下的冰坡。在黏雪程度较低、坡度较为平缓的地方使用10齿冰爪即可,如图3-1所示。

图3-1 全齿技术

（二）前齿技术（德式）

随着人们攀登技术的进步以及对于更高、更难、更陡山峰的攀登欲望不断增强，全齿技术和 10 齿冰爪难以满足攀爬者们的攀登需求。1932 年，Laurent Grivel 发明了 12 齿冰爪，即在原有 10 齿冰爪的基础上增设 2 个锋利的前齿，这一突破性技术装备立即得到了德国和奥地利攀爬者的追捧，前齿技术（德式技术）由此应运而生。

前齿技术是在攀登过程中使用冰爪前面的 2 个前齿及其下方的 2 个直立齿沿前齿延伸方向平稳、垂直踢入冰面的一种方法。这种技术适用于 40°以上的硬雪面或冰面，此外这种技术也是攀登垂直冰壁的基本步法。采用前齿技术前，攀爬者需要对冰爪建立充分信心，只要方法得当，前齿技术装备完全可以承受攀爬者的体重，如图 3-2 所示。

图 3-2　前齿技术

（三）混合式技术

由于在攀登中使用前齿技术，导致攀爬者的体力消耗极大，而使用全齿技术又无法应用于较陡的坡面（40°～60°）。因此，在实践中攀爬者将两种技术结合发展成为混合式技术。混合式技术即攀爬者一只脚使用前齿技术，另一只脚使用全齿技术与前脚形成"八"字形。此技术适用于中等坡度的冰坡行走，两脚交替使用全齿和前齿技术，能够有效缓解体力消耗，如图 3-3 所示。

图 3-3　混合式技术

二、冰坡行走步法的应用

根据冰面坡度和地形的不同,攀爬者可采用不同的行走技术。在行走的同时,冰镐可用于辅助平衡,采用拐杖式支撑(piolet canne),又称杖式握法,即登山者单手握住镐头,让镐柄尖插入冰雪面起到支撑作用。

（一）上行

1. 缓坡(0°～30°)

在坡度较缓的坡面上(0°～15°),冰坡行走与正常徒步行走基本没有差异。正确穿戴登山鞋及冰爪后,只需注意双脚保持一定间距(通常与肩同宽),以避免冰爪钩到冰爪带、雪套、裤管等,并防止因此引发的装备损耗、摔倒甚至滑坠等不良后果。行走过程中,尽可能将冰爪的直立齿全部与冰面咬合,切勿用单侧齿斜踩或用脚后跟踩,以保证身体最大稳定性。

在坡度略大的缓坡上(15°～30°),采用全齿技术行走时脚面与小腿骨夹角要小,踝关节受力随之增大。此时应采用"八"字步技术,将两脚脚尖向外撇开呈"八"字形,以减轻踝关节负荷,膝盖适当向前弯曲,同时应注意身体重心向前,小步前进。此外,随着坡度的增大,两脚向外张开的角度也应随之增大,如图3-4所示。

图3-4 缓坡上行技术"八"字步

2. 中等坡度(30°～45°)

1)全齿技术"之"字步

坡度较大的冰坡上,使用"八"字步极为吃力,行走过程中踝关节负荷大且重心难以控制,若在负重、大风等情况下,容易滑倒、滑坠等。此时应采用"之"字形步法,在坡面上斜切上升,这一步法类似于沿盘山公路上升,降低了行进方向上的坡度,使攀爬者在冰坡上行走更轻松。"之"字形步法要求攀爬者身体斜向面朝冰坡的上方,上半身保持直立,内侧脚(指靠近冰坡上端一侧的脚)朝向前进方向,全齿咬合冰面,脚踝与小腿呈一定角度,且膝盖内扣,外侧脚外撇,两脚呈"八"字形,角度趋近90°,如图3-5所示。

图 3-5　"之"字步

行进过程中,将身体重心转移至内侧脚上,提起外侧脚,从内侧脚斜上方交叉,全齿入冰并转移支撑脚,再将内侧脚从外侧脚斜后方提起,全齿入冰。

由于冰坡宽度和行进方向的限制,在行走过程中双脚需要经常转换方向。转换方向时,以内侧脚为支撑脚,外侧脚转移方向,朝向新的前进方向,将重心转移至外侧脚后,移动内侧脚指向前进方向,此时身体面向冰坡,转换支撑脚后依照上述"之"字形步法斜切上行。除了在转向时应注意动作的准确平稳和身体的平衡外,攀登过程中还需要及时调整呼吸以及身体的状态来适应新的前进方向,如图 3-6 所示。

图 3-6　方向转换

2) 前齿技术上行

在冰坡角度很大的陡坡可以采用前齿技术进行攀登。行走时首先要求攀爬者身体直立,膝盖微屈,踢冰时需把控前齿入冰角度。理想的入冰角度是前齿垂直入冰,下方的两个直立齿贴住冰面,使四齿与冰面充分咬合,形成一个足以支撑攀爬者体重的三角状。需要注意,应避免双腿呈外"八"字,外"八"字入冰减少了四齿与冰面的咬合深度,影响稳定性,如图3-7所示。

3)混合式技术上行

在冰坡上行进时使用混合式技术,攀爬者前脚使用前齿技术入冰,后脚使用全齿技术,后脚要与前脚形成"八"字形,两脚的踢冰与入冰技术与全齿及前齿技术中所需注意的要点一致,两脚交替使用全齿和前齿技术,能够有效延缓腿部肌肉疲劳,便于长距离的中等坡度行走,但在坡度较陡的冰坡上不建议使用混合式技术,应考虑采用前齿技术,如图3-8所示。

图3-7 前齿技术(图片来源:山野杂志)　　图3-8 混合式技术(图片来源:山野杂志)

(二)下行

冰坡下行是任何攀登过程中必不可少的一部分,同时也是极易发生事故的部分。在不同角度的冰坡上,所采取的下行技术同样有所差异,应根据实际情况进行选择。

1. 缓坡(0°~40°)

在40°以下的冰坡,攀爬者可以直接面向坡下下行。下行过程中,攀爬者应保持上身直立,两腿微屈,两脚与肩同宽,身体重心适当靠后,双脚向外打开呈"八"字形,保证冰爪平稳有力刺入冰面,依次支撑下行。需要注意,随着坡度的增大,攀爬者两脚间夹角应逐渐减小,脚尖逐渐朝向坡下方向,甚至在坡度较大的冰坡上应将脚尖朝向坡下,同时上身保持直立,膝盖弯曲程度增大,身体重心落于后脚,大腿将承担绝大部分体重,对攀爬者体力要求较高。攀爬者还可以采用"之"字形步法斜切下行,基本要领与斜切上行相同,具体如图3-9所示。

2. 中等坡度及以上(40°以上)

下行通常采用全齿技术,仅在坡度较大的冰坡上使用前齿技术面向坡面下行,方法与前齿上行一样,同时也可使用冰镐、保护绳等装备辅助下降以确保攀爬者安全,如图3-10所示。

图3-9 外"八"字下行　　　　图3-10 面坡下行

(图片来源:山野杂志)

三、注意事项

行走技术讲究平衡和节奏,以及对冰镐、冰爪的熟练使用程度。这需要初学者反复练习才能熟悉并掌握这项技术,并找到自身的攀登节奏。高山环境变化无常,地貌复杂,攀爬者只有熟悉并掌握各种专项技术,并能在攀登过程中灵活运用,才能使攀登不受阻碍。

在冰坡行走过程中,需要注意以下事项:

(1)时刻戴头盔,哪怕是在缓坡行走过程中;

(2)有条件的情况下采用冰镐辅助行走;

(3)冰坡下行时双脚保持与肩同宽或者根据实际情况稍作调整;

(4)无论上行、下行,切忌所有人排成一排行走;

(5)切忌坐在冰坡上;

(6)滑坠制动技术不适用于冰坡行走,切勿尝试;

(7)采用"之"字形步法时,应保持小步行走,切忌将步子迈到另一只脚的正上方;

(8)若长时间采用全齿技术行走,需及时检查、清理冰爪下积雪;

(9)适时检查冰爪穿戴情况,防止行进过程中冰爪脱落或者冰爪的松动而导致踝关节扭伤;

(10)平稳的前齿踢入动作足以使前齿刺入冰面,大力和反复的动作不但费力而且还会破坏冰面。踢入冰面后,应避免脚部上下左右晃动,以免破坏踢入点;

(11)使用前齿踢冰时,前齿必须要垂直地踢入冰面,不要呈外"八"字,因为单齿着力将无法使攀爬者站稳,而且易破坏踢入点的冰面;

(12)使用前齿踢冰时脚尖上翘,脚后跟下沉,有助于前齿垂直入冰;

(13)当从陡坡过渡到一个缓坡时,攀爬者会自然地抬高脚跟,注意力分散,并加快行走速度,此时冰爪极易从冰上滑松,需提前预防。

上述注意事项难以包含所有实际情况,除上述内容外,攀爬者应在攀登过程中时刻保持警惕,防止意外情况发生。

☆本章小结☆

(1)冰坡行走技术一般适用于坡度小于60°的冰面,坡度过大应考虑采用攀冰技术。

(2)全齿技术是冰爪除前齿外的其余立齿完全咬合冰面以支撑身体重量,达到最大的稳定性并维持身体平衡的技术,常用于坡度小于40°的平缓冰坡。

(3)前齿技术是将冰爪前面的两个前齿及下方的两个直立齿沿前齿延伸方向平稳、垂直踢入冰面的一种方法,常用于坡度较大的冰坡。

(4)全齿技术与前齿技术的差异在于冰爪与冰面接触的位置不同。无论是哪一种行走技术都有其适用场景,在实际攀登中,应根据实地具体情形选用适当的行走技术。

第四章　攀冰运动攀登技术

攀登技术是参与攀冰运动所需掌握的核心技能,此项技能的掌握程度直接决定能否安全参与攀冰活动。此外,这些内容还有助于攀爬者在面对不同攀登情形时,能够选择合理的技术保障自身安全并完成冰壁攀登,进而形成正确的攀冰理念,为其攀登能力提升与精神层面的自我突破打下坚实的基础。

本章主要介绍攀冰运动保护站的设置与拆除以及基本攀登技术,其中包括保护站设置与拆除、冰锥的使用方法、冰洞制作技术、顶绳攀登和先锋攀登技术、攀冰的基本镐法与脚法、攀冰技巧等多项内容。通过本章学习,攀爬者需要掌握上述攀冰的基本概念、技能与方法,从而保障攀爬者安全参与攀冰活动。

第一节　保护站的设置与拆除

一、保护站的设置

由于冰况会随温度变化而改变,具有不稳定性,对于多人攀登或长时间攀登较为不利,因此需要多设置几个保护点,并将其合理连接建成一个更加持久、有效的保护站,以此增加攀登安全系数,保护攀爬者的安全。

（一）保护站设置的原则

冰壁保护站的设置应遵循独立、均衡和备份原则。

1. 独立

独立原则要求每一个保护点均相对独立且能够单独受力。在实际设置过程中要求每一个保护点都不与其他保护点处于同一位置,若保护点均在同一冰柱上或面积较小的同一块冰面上,当冰柱脱落或冰面破碎时,所有保护点都将同时失效。此外,设置保护点时还需注意每一个保护点都不在其他保护点与地面的垂线上或与其他保护点在同一水平线上。

2. 均衡

均衡原则是指当保护站设置完毕后,每个保护点所受的力应尽可能保持均衡,平均分配受力。因此,在设置保护点时就应考虑到保护点的受力状况和建站绳(扁带)长度,以便将其连接后能够实现均衡受力。若设置完保护站后发现受力不均,一定要对保护绳进行调节,以保证各个保护点均衡受力。

3. 备份

备份原则要求在保护站设置完成后,在冰壁的独立位置再设置一个保护点并将其连接在保护站内。备份的作用在于当原有的保护点意外失效后能够起到保护攀爬者的作用,这在攀冰运动中极为重要。

(二)保护站位置的选择

由于冰壁上各处的冰况各不相同,在选择保护站的位置时应谨慎。

1. 高度选择

在设置保护站时,保护站的高度应为保护绳长度的一半以内,以绳长足够攀爬者下降到地面为宜。

2. 位置选择

一般选择冰况较好、便于操作的位置,同时应避免阳光直射、流水,以及鼓包、菜花冰等不利于安全的位置。

3. 装备选择

在装备选择上,由于冰壁上的状况尤其是冰壁的厚度在攀登前难以确认,保护站的位置还需攀登到具体位置后才能确定,因此攀登前应准备稍长的建站绳(扁带),冰锥尽可能选用较长的冰锥,以增强承重能力。

(三)冰锥的设置

在冰况良好的情况下,在正确位置以正确的角度将冰锥打入冰壁,能够承受约 12kN 的力度,为攀爬者提供有效的保护。要正确设置冰锥,需要注意冰锥的位置、打入角度、打入方法等方面的问题。

1. 冰锥位置的选择

攀爬者在攀登前可以提前观察冰壁,预先选取几个合适的位置设置冰锥,选取的依据主要是根据自身的攀爬能力、安全高度、冰况等方面来决定。按预先选择的点位准备打入冰锥时,在冰面较不平整或存在碎冰,甚至冰况不佳的情况下,应先将其表面清理干净或灵活调换冰锥的位置。对于攀爬者而言,冰锥的位置应设在其腰部附近,以便于攀爬者施加压力与操作。此外,攀爬者应当提前与保护员沟通打入冰锥的大概位置,当攀爬者过于专注忘记打入冰锥时,保护员需要及时提醒。

2. 冰锥的钻入角度

如图 4-1 所示,冰锥的入冰角度是冰锥安全强度与设置难易度的关键因素。当冰锥相对于冰壁向上倾斜 5°～10° 时入冰,能够承受最大的重力。但冰锥垂直于冰壁入冰最容易。综合来看,对于攀爬者而言,以垂直于冰壁入冰的方式最有利。原因在于冰锥相对于冰壁向下倾斜 5°～10° 与垂直于冰面打入时的最大可受力相差无几,且冰锥垂直入冰操作更高效,同时能够节省攀爬者的体力。

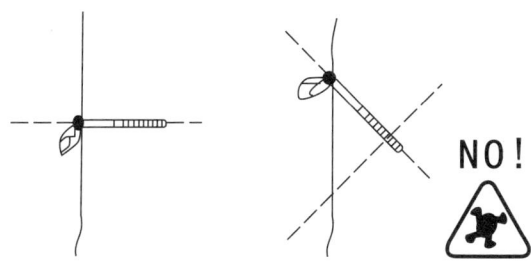

图 4-1 冰锥钻入角度

3. 冰锥的钻入方法

到达适宜的位置后,非惯用手在高处打镐入冰,保证手臂伸直且放松,有助于节省体力。惯用手持冰镐对冰面进行清理,确定冰况良好后拿出冰锥,抓握住冰锥使冰锥对准腰部附近的冰面,身体前顶将冰锥齿压在冰壁上,将冰锥前端在冰壁上拧转,然后拧动冰锥入冰。当冰锥入冰 1/3 长度时且冰锥牢固稳定在冰壁上时,握住冰锥摇把向里快速旋入,如图 4-2 所示。

当冰壁厚度较薄时,可选用较短的冰锥,将冰锥完全打入冰壁。若冰锥打入后仍有一定长度未贴合冰面,为避免产生杠杆效应,应将扁带挂在冰锥上,将扁带推至贴近冰面的位置并打单结固定,使扁带不易在冰锥上移动,然后将扁带与铁锁连接用于保护,如图 4-3 所示。

第四章 攀冰运动攀登技术

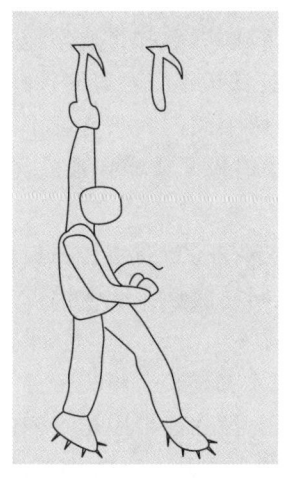

图4-2 钻入冰锥的身体姿态

图4-3 在薄冰上钻入冰锥

(四)保护点的连接

1. 保护点之间的夹角

当多个相互独立的保护点设置完成后,需要用建站绳与铁锁将多个保护点连接起来均衡受力形成一个保护站。理想的保护点位置应当是用于自我保护的保护点处于较高位置,以便于攀爬者处于舒适的操作位置;保护点之间间隔70cm以上且相互独立;两侧保护点相连的建站绳夹角小于60°,以防止夹角过大导致两侧保护点受力过大。当两侧保护点夹角过大,两点的受力程度也随之增大,夹角超过120°时,单一保护点的受力程度就相当于仅有一个保护点时的受力程度,保护点夹角受力情况见表4-1。

表4-1 保护点夹角受力情况

保护点夹角	每个保护点的受力情况
0°	50%
60°	58%
90°	71%
120°	100%

2. 保护点的连接方法

如图4-4所示,将铁锁扣入冰锥挂耳,再分别扣入建站绳,并将建站绳形成合力扣入两把铁锁即可。需要注意,两侧保护点的两把铁锁锁门对着向外拧紧,扣入建站绳(扁带)的两把铁锁同样锁门相对并拧紧,两个锁门大头皆朝下。这样做的原因在于防止建站绳(扁带)与锁门摩擦造成锁门松开或磨损建站绳(扁带)。

在仅携带一条长扁带的情况下,可以把扁带分别与保护点连接后,抓握住保护点之间的扁带打一个单结,并扣入铁锁。这种方法同样能够保证保护点之间相互独立。

此外,在仅使用两个保护点的情况下,也可采用魔术扣连接。将扁带分别与保护点连接后,抓住保护点之间一侧的扁带,拧转一圈,捏住扁带圈与下侧的扁带,将两把铁索扣入其中。这种方式能够保证两个保护点均处于有效状态,缺点是若保护站工作时,一个保护点从冰壁上脱落,攀爬者将向下冲坠一定距离,并对剩余的保护点造成冲击,如图4-5所示。

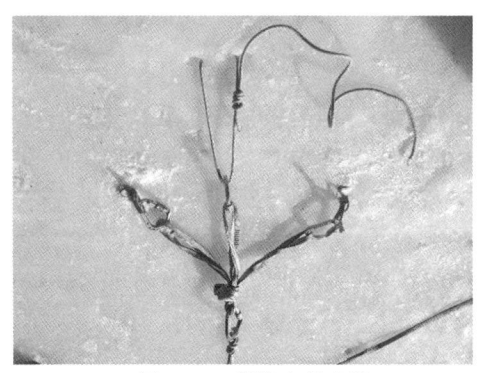

图4-4 保护点的连接

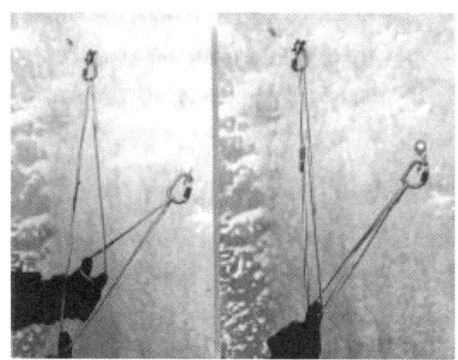

图4-5 采用魔术扣连接的两点保护站

3. 错误的连接方法

常见的错误连接方法主要有建站绳(扁带)设置不合理、两侧建站绳(扁带)夹角过大等不当操作,在不当的操作下保护点的受力将处于不均匀的状态,并伴有安全隐患。因此,在设置保护站时应注意避免以上不当操作。

(五)保护站设置的操作步骤与要求

设置保护站时不仅需要携带攀冰所需的装备,还需要额外准备一定数量的建站绳(扁带)、铁锁、菊绳等装备,所需的具体装备及数量如表4-2所示。

表4-2 设置保护站所需装备清单

装备名称	数量	规格与说明
安全带	1条	坐式安全带
头盔	1顶	攀登用
冰镐	1副	攀登用
冰爪	1副	攀登用
主绳	2条	选择适当直径的动力绳
冰锥	若干	根据冰壁厚度选择适宜长度
快挂	若干	攀登用
手套	1副	根据需要选择
菊绳	1条	长120cm
铁锁	若干	丝扣锁;建站、勾挂装备使用
建站绳(扁带)	1条	长3~4m或2~3条120cm扁带

保护站的设置流程如下:

(1)攀登至适宜的位置设置保护站。

(2)在较高位置打入第一个冰锥,建立自我保护。

(3)在合理位置打入剩余冰锥,冰锥之间符合独立、均衡、备份原则。

(4)使用铁锁与扁带将保护点相互连接形成保护站,扁带夹角小于60°均衡受力,连接建站绳(扁带)的两把铁锁工作端(大头)朝下。

(5)将保护绳扣入两把铁锁中,拧紧所有锁门并检查是否无误。

(6)确认保护站设置是否正确,绳子有无扭曲并检查所有锁门是否拧紧后,并告知保护员收紧绳索,解除自我保护并下降。

注意:设置保护站时需仔细观察地形、确认冰况并选取合理位置,反复修改反而会耗费大量时间并造成潜在危险,在保护站设置完毕后需仔细检查是否设置正确。

二、保护站的拆除与下降

（一）冰洞制作技术

冰洞，又称"V"字冰洞，由苏联登山家阿巴拉科夫发明，因此也被称为阿巴拉科夫冰洞。冰洞制作所需装备少、简单且非常稳定，一个良好的冰洞能够承受约12kN的力量，因此冰洞常用作保护点使用。制作冰洞所需的装备为：一根长22cm左右的冰锥、一根长120cm的辅绳、一个冰洞钩。

冰洞制作流程如下。

(1) 清理冰面。选择一块冰况良好的冰面，清理冰面上的碎冰，保证冰面厚实坚固。

(2) 打入冰锥形成"V"字。选用22cm长的冰锥，将冰锥在冰面一侧呈60°斜向打入。将冰锥取出后，在冰面另一侧以同样的方法打入，注意把握冰锥打入的角度与位置，使冰锥两次打入形成的通道在深处交会于同一点，形成一个相连通的"V"字，如图4-6所示。

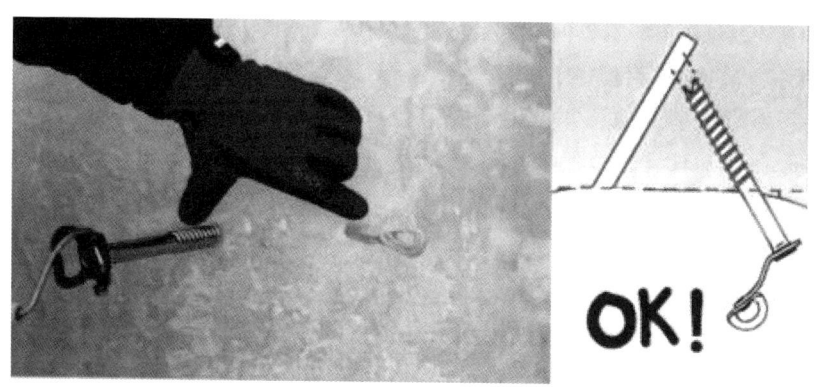

图4-6 冰洞制作

(3) 检查并清理冰洞。对冰洞一侧吹气以检查冰洞是否贯通，同时可清理冰洞内的碎冰。

(4) 连接冰洞与辅绳。如图4-7所示，将辅绳一端伸入冰洞内的拐点处，使用冰钩将辅绳勾出，勾出后将辅绳两端用双渔人结进行连接。

(5) 调整与测试冰洞。来回抽动辅绳，通过辅绳与冰洞内壁的摩擦使冰洞内

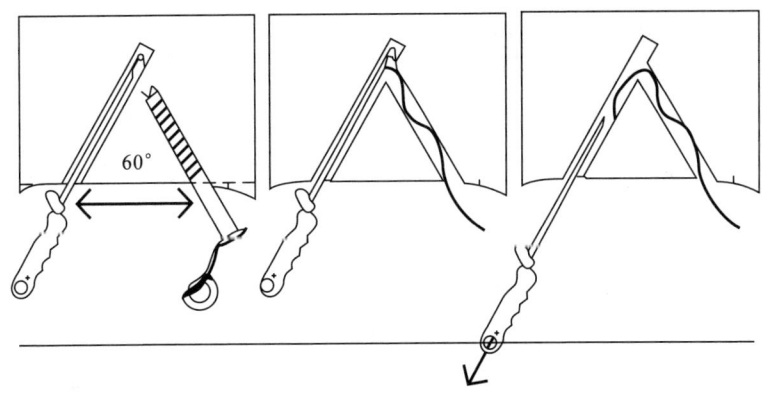

图 4-7 连接冰洞与辅绳

壁的棱角圆滑。使用铁锁连接辅绳与安全带的保护环,用身体重量测试冰洞是否牢固。

(二)保护站拆除与下降的步骤及要求

保护站拆除与下降时不仅需要携带攀冰所需的装备,还需要额外准备一定数量的安全带、铁锁、菊绳等装备,所需的具体装备及数量如表 4-3 所示。

表 4-3 保护站拆除所需装备

装备名称	数量	规格与说明
安全带	1 条	坐式安全带
头盔	1 顶	攀登用
冰镐	1 副	攀登用
冰爪	1 副	攀登用
主绳	1 条	根据需要选择适当直径的动力绳
冰锥	1 根	根据冰壁厚度选择适宜长度,建议选用 22cm
手套	1 副	根据需要选择
菊绳	1 条	长 120cm
铁锁	2 把	丝扣锁
抓结	1 个	直径 6mm
冰钩	1 个	制作冰洞用
辅绳	2 根	长度 120cm

保护站拆除与下降的步骤如下。

1. 攀登并设置自我保护

利用保护站进行顶绳攀登,攀登至线路顶端,需注意切勿在保护站周围打镐。在保护站上方将非惯用手的冰镐打入冰面,选择适宜长度的冰锥设置自我保护,自我保护系统的合理位置有助于攀爬者保持长时间操作。随后,将惯用手的冰镐打入远离保护站及身体的位置,以免操作时误触导致冰镐脱落。设置自我保护有两种方式:一种方式是将安全带、菊绳、铁锁相连接,将铁锁扣入冰锥挂耳处并拧紧即可,另一种方式是将铁锁扣入冰锥挂耳,使用双套结将与安全带相连的主绳和铁锁相连并拧紧锁门。两种方法各有优劣,可根据实际情况进行选择。

2. 制作冰洞与测试

冰洞的制作方法已在前文中进行详细描述,此处不再赘述。除制作冰洞外,也可以使用一个冰锥设置的保护点下降,但需要注意选择此种方法后无法回收冰锥。

3. 设置双绳

与保护员沟通,解除保护,沟通过程应简单明确,保护员与攀爬者确认后即可解除保护。随后将绳索穿过冰洞上的辅绳圈,绳索的长度需要保证下降时绳索两端都能够落至地面。可以通过绳索上的中点标记确认抽绳长度是否适合,也可以由下方保护员确认绳索落地并告知攀爬者。

4. 连接抓结与下降器

抓结在下降过程中配合下降器使用,起到辅助制动保护的作用,当保护器失效时,抓结与绳索的摩擦能够起到制动作用。一般选用长 120cm,直径 6mm 的辅绳,使用双渔人结将其两端连接作为抓结使用。使用时将抓结缠绕双绳 3 圈,将两端的绳环扣入主锁并与安全带腿环相连,拧紧锁门。在设置完抓结后应对抓结进行整理,使其贴合绳索并进行测试,视绳套长短与制动效果而定,还可选择克式抓结或普鲁士抓结。

下降过程中起到制动保护作用的就是下降器,以常用的 ATC 下降器为例说明下降器的安装步骤:

(1)攀爬者应确认用于安装下降器的两根绳索。

(2)将两根绳索分别放入 ATC 的两个管道内,并用主锁穿过绳索,连接保护环后拧紧锁门。

5. 系统确认与转移负荷

连接下降器和抓结后,攀爬者需要拆除保护站,在拆除保护站前需要对下降系统进行确认,因为拆除保护站后攀爬者的身体重量均由下降系统承担,因此需要确认下降系统是否安全有效。系统确认的内容包括装备穿戴无误、下降系统连接无误且锁门拧紧。随后开始转移负荷,由冰洞及下降系统承担攀爬者体重,其具体步骤为:

(1)将下降绳索收紧至制动端受力。

(2)移动身体重心,使下降系统承担身体重量,并将抓结推至靠近下降器的位置。

6. 拆除保护站

当完成负荷转移后,身体重量均由冰洞承载,此时可以拆除保护站。拆除保护站时将与安全带保护环相连的"八"字结解开进行绳尾防脱处理后放绳至地面,并解除与冰锥挂耳相连的自我保护。

7. 下降

开始下降时,攀爬者可以将冰镐挂在安全带上,用双手来进行下降操作。下降过程中,攀爬者双脚开立与冰面呈三角形,膝盖微屈,冰爪轻触冰面匀速缓慢放绳下降,绳子应置于两腿之间或制动手的一侧。下降时切忌猛蹬冰壁、快速下降或不匀速下降。

8. 抽绳与装备整理

下降落地后,攀爬者切勿踩踏绳索,随后解除装备,将绳索两端的防脱结打开,匀速抽出绳索,当绳索一端即将从冰洞上脱落时,应提醒附近人员注意远离落绳以免砸伤他人。抽绳完毕后,将装备整理齐全即可。

第二节 冰壁的攀登方式与攀登技术

一、顶绳攀登

(一)顶绳攀登介绍

顶绳攀登(top rope)是指在冰壁上端预先设置好保护站,保护员通过保护站保护攀爬者,攀爬者在攀登过程中不需进行自我保护操作,特点是安全,脱落时无较大冲坠力,适合初学者。顶绳攀登需要由一名具备较好攀登技术的攀爬者先进行先锋攀登,完成路线后,在路线顶端建立一个保护站,攀冰初学者才可以进行顶绳攀登的实践活动。

在攀冰过程中,攀爬者需要的装备主要包括主锁、安全带、头盔、登山鞋、冰爪、冰镐、手套、护目镜。

(二)顶绳攀登步骤

(1)观察线路:在攀爬前需仔细观察线路,了解线路基本信息。主要包括冰壁的高度与宽度、线路走向、线路难度、保护站位置、落冰的可能性、冰壁冻结的稳定程度、保护员位置以及可能发生的脱落情况等,对线路的了解越详细越好。

(2)穿戴装备:正确穿戴头盔、安全带以及登山鞋和冰爪,携带好冰镐等攀登装备。

(3)连接绳子:攀爬者在绳子一端使用"8"字结将安全带攀登环和主绳相连接,并在绳子另一端打好末端防脱结。连续多人攀爬同一条线路的情况下可使用两把主锁连接"8"字结与安全带的保护环,连接时需锁门相对并拧紧。同时保护员要连接好主绳与保护器。

(4)自我检查与相互检查:攀爬者与保护员相互检查装备穿戴是否正确,线路所需要的装备是否佩戴齐全。装备穿戴主要包含安全带是否穿戴正确、安全带与主绳的连接是否正确、保护器与主绳的连接是否正确、锁门是否拧紧等几个方面。

(5)攀登前沟通:相互沟通确认后开始攀登,以及在攀登过程中要随时通过简单有效的口令与保护员沟通,以获得及时、有效的保护。

(6)攀登:正式进行攀冰运动。攀爬起步阶段,保护员要适当收紧保护绳,避免攀爬者滑坠至地面,攀爬过程中遇到落冰或其他情况应及时提醒保护员。

(7)下降:完成攀登后告知保护员完成攀登,等待收紧主绳至承受身体重量后,握住镐柄顶部,镐尖朝向冰壁,冰爪连续轻触冰面控制身体平衡,由保护员放绳下降。

(8)解除保护和致谢:完成下降后,攀爬者将连接在安全带上的绳结打开,向保护员致谢。

(三)顶绳攀登的保护过程及要点

1. 攀登前的准备

(1)观察攀登线路及线路周边状况,预判攀爬者在攀爬中可能出现的脱落位置及合理调整自身站位,尽可能排除危险因素。

(2)正确穿戴装备并连接安全带。

(3)自我检查及相互检查。检查内容包括装备穿戴、主绳与装备的连接、头盔松紧度、安全带松紧度等。

(4)相互沟通,确保保护员能及时有效地保护攀爬者,首次配合的保护员与攀爬者可以沟通口令内容,确保攀爬中的沟通准确无误。

2. 攀登中的保护要点

当攀爬者与保护员沟通完毕后离开地面,保护员就已经进入保护状态,攀冰的顶绳采用上方保护,所用的保护技术为"五步保护法",具体保护技术动作及要点已在前几章节中详细说明。除保护技术动作之外,保护过程中对保护员绳子松紧度的把握、站位、移动、沟通和辅助保护等都有一定要求。

(1)绳子松紧度。在攀爬者尚未离开地面时,保护员应提前收起多余绳子,以免攀登开始后收绳不及时造成危险。当攀爬者离开地面后,保护员应及时收紧保护绳,由于保护绳具有一定延展性,在高度较低的冰壁上脱落时若保护员未收紧保护绳,攀爬者将直接坠落到地面上,造成损伤。通常,在攀爬者离地超过3m后,保护员应及时放松保护绳至合适松紧度,保护绳过紧一方面影响攀爬者在冰壁上的攀爬,甚至将攀爬者直接拽下冰壁,另一方面过度收紧保护绳会让攀爬者"借力",对训练效果造成负面影响。当攀爬者完成攀爬后,保护员应及时收紧绳索。

(2)站位。攀冰的保护原理是通过装备的合理连接,使保护站、保护器与绳子之间产生一定的摩擦力,摩擦力越大,制动效果越好。其中,保护站与绳子的摩擦力取决于保护员的站位,站位越靠近冰壁,顶绳的夹角越小,摩擦力越大,制动效果越好,这意味着保护员在保护过程中需要尽可能贴近冰壁。但有两方面需要注意,攀冰过程中经常有碎冰从冰壁上脱落,保护员要注意避免被碎冰砸伤,并且保护员过于贴近冰壁时视野受限,难以观察到攀爬者的攀爬情况。此外,保护员需要注意攀爬者与保护端绳索的位置,以免攀爬者脱落摆荡时撞在保护绳上。因此,保护员选择站在攀爬线路的侧后方,与冰壁保持适当距离,能够提供良好摩擦力,且扩大了视野,避免了冰壁落冰、攀爬者脱落摆荡时撞绳的风险。

(3)移动。在保护过程中,随攀爬者的位置移动、攀爬速度、线路位置、可能的落冰等情况变化,保护员需要及时调整自己的站位。当攀爬者攀爬速度过快时,保护员要及时收绳,也可在收绳的同时有意识后退以保持保护绳的松紧度。但无论如何调整,都应保持能够随时调整至制动状态,避免攀爬者意外脱落时无法提供有效制动。

(4)沟通。攀冰过程中攀爬者打镐踢冰都极易导致大量碎冰甚至大块冰块脱落,此外攀爬者攀爬中随时可能出现各种意外情况。当落冰或意外情况出现时,攀爬者通常会第一时间告知保护员落冰情况,保护员应时刻关注攀爬者状态,并及时对其口令作出回应和保持适当的站位及调整保护绳松紧度。

(5)辅助保护。原则上一名攀爬者仅需一名保护员即可,但实际情况中可能需要使用辅助保护。常见的辅助保护手段为:在保护员身后适当位置设置锚点,使用扁带和主锁连接保护员和锚点,扁带长度应与保护员至锚点的距离保持一致,且锚点应设置在保护员制动手的侧后方。此外,还可以请一名保护员在身后拖拽安全带腰带或拉住制动手后方的保护绳。

(6)其他注意事项。攀冰场地多为野外环境,保护员需要注意判断冰壁附近的环境是否安全。此外,冰壁下方多为冰面或冰岩混合地面,保护员应同样穿戴好冰爪。以适宜的方式踩踏在冰面上,并防止跌倒影响保护效果,同时防止冰爪与岩石接触造成的过度磨损。

3. 攀爬结束后的保护

当攀爬者完成攀登或中途放弃、脱落时,保护员应第一时间收紧保护绳,并匀速、缓慢地将攀爬者放落到地面。放绳前,保护员应与攀爬者沟通确认。放绳过程中,尽可能保持缓慢、匀速放绳,避免对保护站造成冲击,同时避免攀爬者过快下降与冰面磕碰造成损伤。攀爬者落地时,保护员需要尽可能缓慢放绳,防止其跌倒,确认攀爬者站稳后再解除保护。

当攀爬者落地站稳、保护工作完成后,保护员才可为攀爬者解除其与保护绳的连接,攀爬者也应向保护员致谢。

4. 顶绳攀登攀爬者的注意事项

(1)在开始攀登之前,要先观察线路,辨识出线路上凸出与凹陷的地方、边沿以及可以休息的地方。

(2)对于每一次打镐和踢冰,最好的入点就是冰壁上的凹点或冰洞;而任何向外凸出的地方,都容易造成断裂和破碎。

(3)经常被攀爬的线路上会有很多小洞或凹槽,攀爬者可在这些地方练习钩挂冰镐,因为这样不需要费力地挥镐,从而节省体力。

(4)陡峭冰壁的攀爬不仅需要重复练习,更需要连续攀爬的体能,最理想的训练莫过于反复进行顶绳攀登。

(5)一条成熟且经常有人攀登的WI6线路可能不难,而一条无人攀登过的WI4线路,因为要清理和熟悉线路,可能需要花费更多时间;通常,冰柱或垂直冰面上的鼓包都是难点所在。

(6)要更加安全有效地先锋攀登垂直冰壁(不是指简单地爬上去),需要在陡峭冰壁上不断积累顶绳攀登或跟攀经验,建议相关经验不少于50次。

(7)戴上多副保暖防水的薄手套,轮换使用。

(8)注意避开落冰,落冰是攀冰的一部分。因为冰会随时掉落,所以要注意避开落冰,不要待在攀爬者的下方。

(9)尽量多爬顶绳,对于攀冰来说,冲坠十分危险,最理想的训练莫过于反复进行顶绳攀登。

(10)顶绳保护站的建立可能会用上几个小时,长时间受力,请注意随时检查保护站,因为冰锥旁的冰会在压力作用下慢慢融化。

(11)三点均衡受力的冰锥保护站在寒冷、坚固的冰上万无一失,但如果保护站不是一直背阴,如有阳光的照射等情况时其安全性会大大降低,因此每次爬到顶后应检查保护站、冰锥与冰面的状况。

二、先锋攀登

1. 先锋攀登介绍

先锋攀登是攀爬者一边向上攀登,一边设置保护点的一种攀登方法。在攀冰时,需要通过先锋攀登来建立保护站进行顶绳攀登或跟攀。先锋攀登具有一定的危险性,需要娴熟的踢冰和挥镐技术。

先锋攀登的主要装备包括主绳(动力绳)、绳套、铁锁(若干)、快挂(若干)、安全带、头盔、登山鞋、冰爪(若干)、冰镐、冰锥、手套、护目镜等。

2. 先锋攀登步骤

(1)观察线路。在攀爬前要仔细观察线路,了解线路基本信息。主要包括冰壁的高度与宽度、线路走向、可设置冰锥的大概位置及数量、建设保护站的大概位置、是否有流水或落冰的情况、冰壁冻结的稳定程度、保护员可能的站位、线路的难度以及可能发生的脱落情况等,对线路的了解越详细越好。

(2)穿戴装备。正确穿戴头盔、安全带以及登山鞋和冰爪,带好攀登所需要用到的自我保护装备、冰锥、快挂、辅绳、主锁、冰镐,冰锥与快挂并可能多携带1~2把作为备份。

(3)理绳。攀登前需要通过捋绳将绳子理顺并检查绳子是否完好无损、有没有打结情况,并打好绳尾防脱结。

(4)连接保护绳。攀爬者在绳子另一端使用"8"字结将安全带和主绳相连接,并打好绳尾防脱结,主绳必须穿过安全带的攀登环,切勿在先锋攀登中将主绳与保护环相连,保护员将主绳与保护器连接好,用铁锁扣入安全带保护环即可。

(5)检查。攀登前需要进行自我检查与相互检查,攀爬者与保护员相互检查装备穿戴是否正确,线路所需要的装备是否佩戴齐全,检查内容基本与顶绳攀登一致,差别在于需要确认携带的装备种类与数量是否有误,以及"8"字结连接是否正确。

(6)攀登前沟通。攀登前相互沟通确认,以及在攀登过程中要随时与保护员保持沟通以获得及时、有效的保护。

(7)设立保护点。攀登过程中需要设置冰锥,通过快挂将主绳和冰锥相连接以建立保护点。

攀冰的先锋攀登中,设置保护点由三部分构成,即钻入冰锥、扣入快挂、扣绳。

①钻入冰锥。当攀爬者到达适宜的保护点后,应先清理表面浮冰,然后将非惯用手的手臂尽量伸直,在较高位置上打入冰镐,用惯用手对冰面进行清理。冰锥的位置应在身体的腰部附近,以便于操作。打冰锥时,身体适当前倾使冰锥承受一定压力,再用冰锥齿左右旋转,冰锥进入冰壁后继续拧入,拧入 1/3 且冰锥在冰壁上较为稳定时,握住摇把快速向里旋入。尤其需要注意的是,先锋攀登中对前三根冰锥的高度有一定要求。第一根冰锥与第二根冰锥间的距离必须小于第一根冰锥到地面的距离,第二根冰锥与第三根冰锥的距离必须小于第二根冰锥到地面的距离,防止攀爬者脱落后直接坠落到地面,此外绳索的延展距离也必须考虑在内。后续的冰锥高度虽然没有特定要求,但必须保证攀爬者冲坠高度所带来的冲击力不超过身体的承受范围(小于 6kN)。

②扣入快挂。快挂直门端连接冰锥挂耳,弯门端连接保护绳。根据具体冰况选择扁带长短适宜的快挂挂入冰锥挂耳,挂入后应确保直门与弯门锁均不与冰面形成杠杆效应,如图 4-8 所示。

③扣绳。如图 4-9 所示,扣绳主要有三种手法。将绳子扣入快挂内需要攀爬者运用正确的手法,否则扣绳失误既耗费时间与体力,也会对攀爬者心理甚至安全造成影响。需要注意,绳子扣入快挂后,绳子和保护员连接的一端在保持外侧,且绳子的走向或攀爬者接下来的攀爬路径与锁门方向相反。

(8)设置保护站:攀登到顶或攀登到一段绳距后需要设置保护站建立保护系统或供顶绳攀爬,这一内容已在前一章节详细描述,此处不再复述。

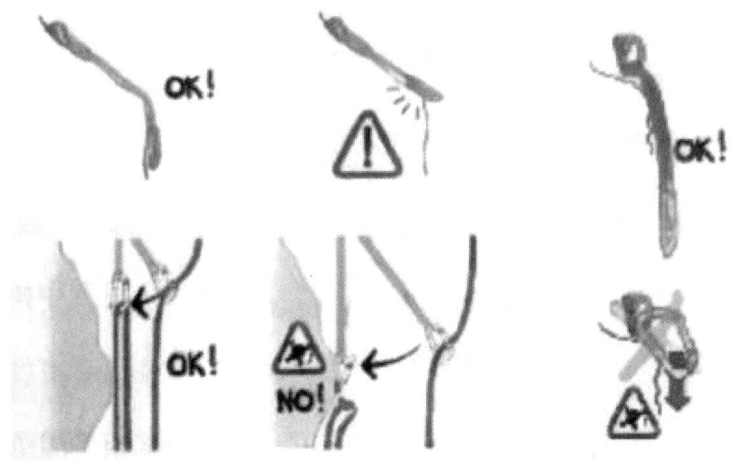

图4-8 快挂的杠杆效应(上图)与错误扣绳

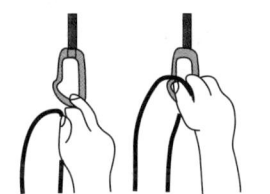 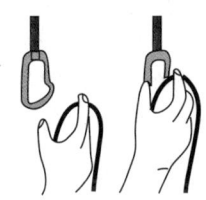 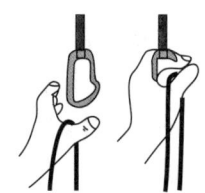

图4-9 扣绳技术

(9)下降:设置完保护站后和保护员沟通后进行放绳下降,下降过程中拆除用于设置保护点的冰锥和快挂,拆除时与保护员相互沟通并及时调整绳索松紧度,必要时可在冰壁上打镐与踢冰固定身体,以免产生的摆荡较大造成危险,且下降过程中应避免被绳子、快挂等装备绊倒或割伤。

(10)解除保护与致谢:完成下降后,将连接在安全带上的绳结打开,向保护员致谢。

3. 先锋攀登保护技术

当攀爬者与保护员沟通完毕后开始攀登,保护员就应立即进入保护状态,先锋攀登采用下方保护。除保护技术动作之外,保护过程中对攀爬者绳子松紧度的把握、站位、移动、沟通、预见性等都有一定要求。

1)下方保护技术

下方保护技术由给绳、收绳、制动与冲坠处理三部分构成。

(1)给绳。保护员手部初始姿势为一手握住绳子的攀爬端,另一只手握住绳子的制动端,且在整个保护过程中,制动手始终握住绳子的制动端。当攀爬者向上移动时,保护员的制动手轻握制动端向后捋绳,随后将保护绳推向保护器,同时一手从攀爬端中抽出绳子。需注意给绳长度适宜即可,保持保护绳维持原有的松紧度,过多给绳会使保护员制动效果降低甚至对攀爬者的安全造成威胁。

(2)收绳。当发现攀爬者与保护员之间的保护绳过长或过松时,保护员一手下拉攀爬端主绳送向保护器,制动手从保护器中抽绳,动作与五步保护法一致。此外,保护员也可以适当后退,维持主绳松紧度至合适区间。在攀爬者扣绳不成功、上攀后又下行、扣绳后主绳过松等情况下需要及时收绳。

(3)制动与冲坠处理。若攀爬者发出"收紧"口令或突然脱落,保护员需立即采取制动措施。保护员应将双手握紧制动端,两脚前后站立,后腿略微弯屈,臀部略向后顶,保持身体重心靠后,注意两腿分开与肩同宽。当冲坠发生时,保护员可以根据地形选择是否实施动态保护,即不在第一时间收紧制动,而是随着攀爬者的下落,通过放绳、向前移动实现让攀爬者掉落更长的距离,在安全范围内给予最大的缓冲,减小冲坠对攀爬者的瞬时冲击。动态保护多用于屋檐、仰角、直壁攀爬脱落的情况,且攀爬者脱落与经过的位置没有大的岩石、冰包或平台突起,即下坠过程中不会遇到障碍物。坡度较缓,障碍较多的地形以及第三根冰锥前应避免使用动态保护,防止对攀爬者造成损害,如图4-10所示。

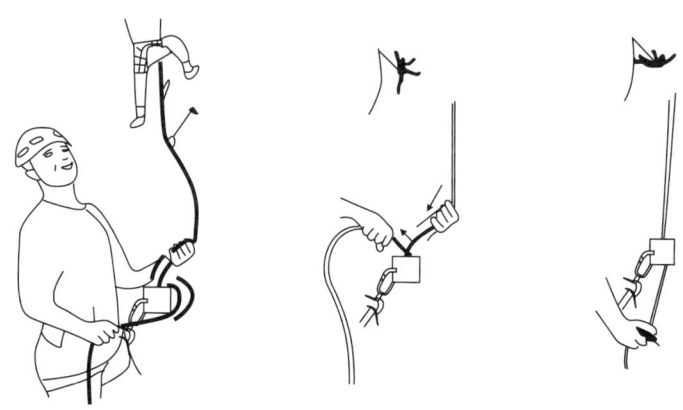

图4-10 攀冰下方保护技术

2)绳子的松紧度

绳子的松紧度是决定攀爬者安全与否的关键因素之一,应根据攀爬者的实际状况,绳子松紧度及时做出调整。

(1)第一根冰锥前。在攀爬者拧入第一根冰锥,扣绳进第一把快挂前,此时对于攀爬者而言没有任何保护,但保护员不能完全解除保护。保护员的通常做法是维持主绳的松弛状态以避免影响攀爬者,但需把控主绳的长度,以送一次绳即可使攀爬者在当前位置上立刻将主绳扣入快挂且依旧保持较好的松紧度为宜,给绳过多会产生较大的安全隐患,此外保护员必须在控制绳长的同时在攀爬者下后方做托举式保护。

(2)后续攀登过程。在后续攀登过程中,保护员尤其要注意第一根至第三根冰锥之间的主绳松紧度。在这一阶段,主绳过松可能导致攀爬者脱落时冲坠距离的增加,而过紧会对攀爬者产生向下的拉力并影响攀爬者的挂绳。因此,这一阶段都要保持主绳呈一种似紧非紧的状态,既要保证将攀爬者脱落时的下坠距离减少到最小,又要不产生向下的拉力,对保护员的判断和给绳收绳技术都有一定要求。

(3)站位。合理的站位可以保证攀爬者和保护员的安全,保护员的站位选择需要满足以下三种情况:一是保护员不能离冰壁太近,以免被落冰砸到;二是保护员尽可能控制主绳与第一把快挂的夹角在合理范围内,减小绳索与快挂的摩擦力,保证攀爬者抽绳方便;三是保证绳子不处于攀爬者的正下方,防止攀爬者脱落后挂在绳子上对其造成伤害。此外,有两个重要点需要注意:一是在第一把快挂扣绳后保护员的站位与冰壁不宜距离过远,以防止攀爬者脱落时主绳延展距离过长使其直接坠落到冰面上;二是在第三把快挂扣绳后可以适当调整站位,以便于更好地观察攀爬者的攀爬情况并避免落冰。

(4)移动。下方保护时保护员的移动要点与上方保护基本一致,差别在于,保护员需要通过观察判断攀爬者此时的位置,预判其脱落时的下坠方向,通过移动规避攀爬者脱落后骑绳的可能,或根据攀爬路线的方向及时移动到攀爬者异侧即可。

(5)沟通。沟通应贯穿于整个攀登、保护过程,保护员应及时提醒攀爬者面临的情况以及告知自己所处的状况。

(6)预见性。保护员应集中精力,密切关注攀爬者的行为,通过攀爬者的肢体行为或语言,对其后续可能发生的情况有一定预见性,以便于准确、及时地做出反应。如攀爬者出现翘肘、后脚跟连续踮起等行为时,攀爬者可能存在较高的脱落与冲坠风险。

4. 先锋攀登攀爬者注意事项

(1)在攀登之前务必要检查并确认带齐所有的装备。

(2) 要保持和保护员的沟通,让保护员清楚攀爬者的状态和所处环境。攀登前,保护员与攀爬者提前做好沟通,并确认沟通用语。

(3) 在拧冰锥时要使身体处在最舒服的状态,拧冰锥及攀爬过程中切忌慌张。

(4) 在设置前三把快挂时应保持谨慎。

(5) 攀登时避免大力挥镐,以免造成落冰较大,带来危险。

(6) 保护点建设完之后要检查冰壁状态。

第三节 攀冰运动的基本攀登技术与技巧

一、攀冰运动基本攀登技术

(一)攀冰运动的基本镐法

技术冰镐充分考虑到各种冰面和人体力学特点,冰镐的使用有诸多需要学习并掌握的要领,正确掌握这些要领有助于攀爬者节省体力。正确的挥镐过程如下。

1. 准备阶段

握镐时,冰镐镐尖、镐柄与腕、肘、肩保持在一个平面上,即从镐尖方向看,这些点分布在一个垂直面上(图4-11)。

准备挥镐时,抬起上臂至肘部略高于肩部,前臂与上臂、前臂与镐把均呈90°左右,过程中避免肘部外拐及手腕转动,影响镐尖入冰效果。

2. 挥镐

挥镐时,髋部贴近冰壁,上半身适当后仰,为挥镐留出空间,同时看准入冰位置,以垂直于冰面角度向上挥动前臂,保持手臂放松,镐尖入冰时手腕适当加力做鞭打动作。鞭打动作有助于冰镐加速入冰,达到

图4-11 基本镐法

更好的入冰效果。需要注意,镐尖应垂直入冰,以取得更好的入冰效果并避免对镐尖造成损坏。针对不同的冰面需要掌握合适的挥镐力度和方法,当冰面较软时稍微用力即可。当冰面较硬时挥镐力度过轻难以入冰,过重则可能造成冰面破裂或难以取镐,可在挥镐前先在入冰位置敲出小洞或小坑再挥镐打入。若冰面较为破碎或入冰位置为凸面,可用冰镐先清理冰面。

3. 检查打镐效果

检查打镐效果,入冰后握住镐把上下拉动,测试冰镐是否打牢固,是否存在晃动。此外,打镐效果还可以通过眼看、耳听、手感等多种方法测试。通过眼睛可观察到镐尖入冰位置是否符合预期,入冰位置是否发生破碎、崩裂等情况。冰镐入冰后稳定性的不同也可通过入冰时发出的声音表现出来,如发出干脆利索的"嗦嗦"声通常表明打镐效果较好,而沉闷且带有回响的声音表明内部存在空隙,打镐效果有待确定。此外,镐尖入冰时的鞭打动作是否顺畅也能够用于判断打镐效果的好坏。若未能准确判断出打镐效果好坏,应谨慎发力,可适度上下用力以测试冰镐是否牢固。

4. 取镐

取镐时,通常上下摇动镐把,通过镐尖上缘的尖锐处切割冰面后即可取出,也可用手掌向上推动铲头,或握住镐把上部将冰镐提起。取镐时切忌左右转动冰镐,由于镐尖较薄,左右转动冰镐容易导致镐尖弯曲甚至折断。

(二)攀冰运动的基本脚法

攀冰运动中的脚法即前齿技术,也被称为踢冰,在冰坡行走章节中已有所介绍,但在垂直冰壁的攀登要求更加细腻、准确。踢冰是攀冰的基本脚法,也是平衡和移动的重点。若脚法粗糙,即使上肢力量有优势,攀爬能力的提高也会受到较大的阻碍,无法很好地完成线路。正确的踢冰过程如下。

1. 准备阶段

确认踢冰位置后抬脚,适当勾起脚尖,使脚面呈前高后低的姿态。

2. 踢冰

看准踢冰位置,臀部适当向外为踢冰动作留出足够空间,控制前齿垂直于冰面,以膝盖为中心摆动小腿,将冰爪前齿刺入确认的冰面位置,踢冰时适度用力即可。前齿刺入冰面后,后脚跟稍向下落,使得前齿和第一排直立齿与冰充分咬合,形成稳定的三角面。需要注意,脚面前高后低是为了帮助前齿与冰面保持垂直,从而以最佳角度入冰。此外,应避免前齿与冰面呈外"八"字,这样不仅不利于入冰,导致入冰后前齿与冰咬合不充分,造成稳定性差,且容易使腿部肌肉紧张并带动全身呈绷紧状态,极大消耗体力,如图 4-12 所示。

3. 检查踢冰效果

检查踢冰效果与检查打镐效果类似,主要通过眼看、耳听、脚感等方式,此处不再赘述。良好的踢冰效果是冰爪两个前齿水平插入冰内,下方两个直立齿刚好支撑在冰上。

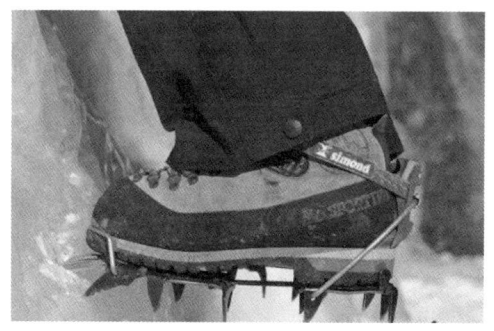

图 4-12 踢冰技术

4. 重心转移与起身

将身体重心转移至完成踢冰的脚上,另一脚按同样的要领在比肩稍宽的同一高度冰面上入冰。然后两腿打开呈"人"字形,下肢直立,身体呈放松状态。

(三)攀冰运动的基本身法

事实上攀冰的基本身法与攀岩类似,区别在于攀登时使用冰镐与冰爪替代了手脚的作用,由于冰壁上冰镐与冰爪入冰点的选择与岩壁上受限于支点不同,相较于攀岩自由度更高。

攀冰技术的核心是平衡、重心转移和脚的稳定支撑,基本方法是三点固定法,攀登时保持身体平衡的关键因素是充分依靠身体骨架结构来支撑身体平衡,以此减少肌肉发力所带来的体力消耗。平衡动作的要领是:直臂放松、身体调整、重心居中。移动的要领是:下肢发力、上肢辅助、核心传递。

1. 平衡法

在攀冰过程中,攀爬者为保持平衡,通常的做法是将冰镐打入冰内后保持手臂伸直,肩部放松,双脚适当分开,一般双脚间距大于肩宽,通过挺髋、屈腿下蹲、侧身等动作调整身体重心,尽可能通过双脚支撑身体重量,最终使冰镐入冰点与两冰爪入冰点构成稳定的三角形。攀冰平衡的要点是根据支撑镐的位置调整两脚的入冰点,使镐点处于两脚垂线之间,手脚点呈三角形。根据身体所需采用的不同动作,攀冰的平衡动作主要分为四种,分别为"人"字形平衡、"X"形平衡、侧身平衡和对撑平衡。

(1)"人"字形平衡。单镐或双镐入冰,两镐一高一低,手臂放松,身体呈站立姿势，挺髋，使双脚承担身体重量，此时身体在冰壁上成"人"字形，常用于直壁或小于90°的冰壁上。

（2）"X"形平衡。"X"形平衡与"人"字形平衡的要点一致，区别在于"X"形平衡时双镐处于同一高度，身体如同一个打开的"X"形，这一平衡动作常用于直壁或小于90°的冰壁上。

（3）侧身平衡。双镐一高一低，低点为支撑镐，低镐手臂锁紧，其对侧脚为支撑脚，支撑脚膝盖稍微内扣，转髋贴近冰壁，身体主要重量由支撑脚承担，另一只脚轻踏冰上或入冰作为平衡辅助。侧身平衡适用于直壁或大于90°的冰壁，是一种实用、省力的平衡方式。

（4）对撑平衡。部分冰壁会形成向内的夹角，或侧面有冰柱、冰挂时可采用对撑平衡。攀爬者两脚分别向外打开，冰爪前齿垂直于冰面入冰，使两脚形成对抗，此时身体重量均在双脚上，冰镐用于辅助平衡，攀爬者也可在此时放松双手进行调整休息，如图4-13所示。

图4-13 平衡法

（左上"人"字形平衡、右上"X"形平衡、左下侧身平衡、右下对撑平衡）

2. 移动法

在冰壁上移动时，首先需要判断攀登路线上冰镐与冰爪的入冰位置，根据支撑镐的位置选取两脚的入冰位置，两脚位置应在支撑镐垂线的两侧，宽度应大于肩宽，使两脚和支撑镐形成一个稳定的三角形。通常的冰爪入冰位置在膝部上下，两脚间距不可过宽也不可过窄，过宽容易导致提脚转移重心时身体不稳定，需要耗费更多的上肢力量，过窄容易造成身体不稳定，造成左右两边晃动甚至导致双脚的冰面破裂。

初学者在移动时通常存在三个问题。第一，过分集中关注脚踢稳而忽略了脚点与镐点的相对位置,导致身体向一边倾斜旋转呈"开门"姿势,容易失去平衡。第二,在踢冰后即刻收缩双臂起身打镐或踢冰,这种情况容易造成更多的体力消耗,且通常攀爬者正处于两点受力状态,导致身体失衡,降低效率。第三,攀爬时缺少预判,即两脚固定好起身后再寻找下一个镐点,此时支撑镐上肢始终处于紧张状态,上肢力量消耗大。

攀冰的移动共有平行移动法、侧身移动法、对称移动、横移和台阶翻越等几个常用方法。

1)平行移动法

平行移动法是指攀爬时双脚处于同一高度的平衡状态后再进行打镐的方法,分为上下镐和蛙式两种方式。

(1)上下镐。上下镐是指两镐呈上下错落位置,每一次上攀后只挥动一只冰镐入冰的方法。使用上下镐时又可采用两种步法,分别是两步法和节奏式攀登法。

如图4-14所示,两步法指攀爬者爬升两步高度后挥镐,身体重心随步伐移动的方法。它的最大优点在于每一个完整动作上升高度较大(两步高),挥镐次数少,动作效率高,熟练掌握后动作连贯流畅。

两步法具体步法如下(以冰镐左高右低,两脚平行为例):①转移重心至右脚支撑;②抬起左脚踢冰,入冰位置不高于右膝高度;③转移重心至左脚支撑,右脚提起踢冰,入冰位置不高于左膝高度;④转移重心至右脚支撑,左脚提起踢冰,入冰位置与右脚高度一致,间距略宽于肩宽,起身;⑤取出右镐后向上挥镐入冰。

图4-14 两步法

如图4-15所示,节奏式攀登法是指攀爬者每上升一步高度后挥一次镐。该动作连贯后攀登节奏感很强,且上肢发力时间短,更节省体力。

节奏式攀登法具体步法如下(以冰镐左高右低,两脚平行为例):①由平衡状态开始,转移重心至左脚支撑;②抬起右脚踢冰,入冰位置不高于右膝高度;③转移重心至右脚,上身不动,抬起左脚踢冰,入冰位置与右脚高度一致,间距略宽于肩;④双脚支撑,起身左臂后左臂弯曲,取出右镐向上挥镐入冰。

图4-15 节奏式攀登

需要注意,节奏式攀登法要求攀爬者在两脚均抬起不超过支撑腿膝盖高度的位置踢冰入冰,并保持蹲姿,随后再起身发力,抬腿入冰时身体重心位置不变,切勿随脚的移动而移动上身,以保证让腿部均匀承受重量并同时起身发力,减少上肢体力消耗。

(2)蛙式。如图4-16所示,当攀爬垂直冰壁时或上肢疲劳时,两支镐可以打在同一高度,身体的重量由两脚或两镐承担,这时上攀的动作变为两脚、两镐,攀爬者在冰壁上的形态类似于"青蛙"。

蛙式具体步法如下:①由平衡状态,转移重心至右脚支撑;②抬起左脚踢冰,入冰位置不高于右膝高度;③转移重心至左脚,随后提起右脚踢冰,入冰高度与左脚高度一致,间距略宽于肩宽;④起身后挺髋,左臂弯曲锁紧,取出右镐向上打镐;⑤右臂伸直,取出左镐向上打镐,打镐位置与右镐高度一致。

在平行移动法的攀爬动作中,支撑镐与两脚总是呈三角形,整个攀爬过程类似于三角形的向上移动。如果支撑镐的入冰位置总在上下一条垂线上,则三角形的中心可以连成一条直线,但高手在攀爬中常会选择最适宜的位置打镐,依靠双脚来调整平衡身体,三角形的中心连线则成了左右折线,相较之下更加流畅,节奏感更强。

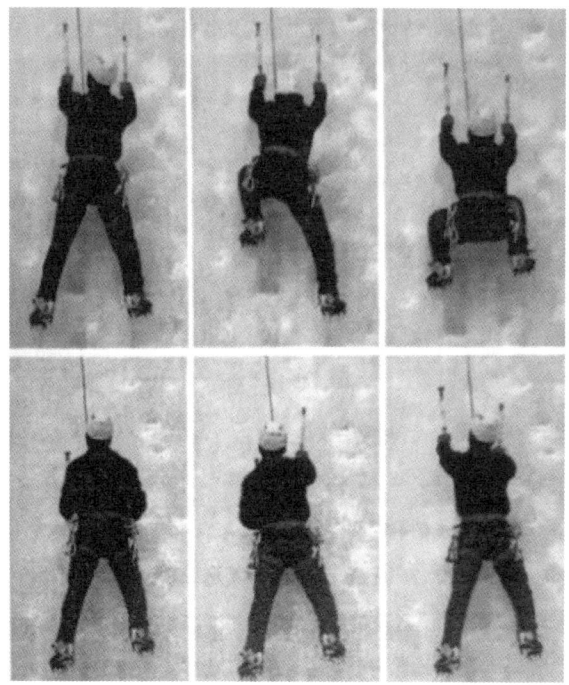

图 4-16　蛙式攀登

2）侧身移动法

侧身移动法（图 4-17）与攀岩中的侧身动作类似，都是在对侧支撑的基础上进行发力的移动技巧。具体步法如下（以右镐为支撑镐，左脚为支撑脚为例）。

（1）由平衡状态，抬起右脚踢冰，入冰高度以左膝上下或稍高为宜，入冰位置以左镐与地面垂线上或稍右处为宜；

（2）转移重心至右脚，支撑镐转为左镐，身体下蹲，手臂伸直，抬起左脚轻踏冰上或适当入冰作辅助平衡；

（3）右腿发力支撑，转髋起身（腿部发力的同时膝部内扣、髋部内旋并贴近冰壁），左臂弯曲锁紧，取出右镐向上打镐。

侧身移动法是有攀岩基础的攀爬者或具备一定水平的攀爬者常用的移动法。它最大优点在于每次上攀距离大、效率高、省体力，在攀登直壁、冰柱、冰挂或有负角度和小屋檐的冰壁时极为实用。但侧身移动法对攀爬者体能与技巧有一定要求，存在较多注意事项。

（1）攀冰时采用侧身移动须保持冰爪前齿的入冰状态，不可转动冰爪，支撑

图 4-17 侧身移动法

腿膝部只能稍微内扣并适当转髋,应避免转动冰爪对入冰状态的破坏;

(2)侧身移动主要依靠下肢发力,不适当的腿部发力和转髋容易导致上肢用力过多,应通过练习熟练掌握侧身移动的正确动作,避免上肢过度发力;

(3)抬腿高度以膝部高度上下为宜,过高易导致手脚间距过近,影响发力。

3)对撑移动

对撑平衡时手臂仅用于辅助平衡,在攀冰时采用对撑移动法双镐同样需要承担一部分身体重量,基本步法与平行移动法类似,同样可采用两步法、节奏式攀登法或蛙式进行攀爬,差异在于打镐和踢冰由向身体正前方转为侧边。采用蛙式进行攀登时的具体步法如下:

(1)由平衡状态,转移重心至右脚支撑;

(2)抬起左脚踢冰,入冰位置不高于右膝高度;

(3)转移重心至左脚,随后提起右脚踢冰,入冰高度与左脚高度一致,间距略宽于肩宽;

(4)起身后挺髋,左臂弯曲锁紧,取出右镐向右上方打镐;

(5)右臂伸直,取出左镐向左上方打镐,打镐位置与右镐高度一致。

对撑移动时,需要注意重心的转移和合适的打镐位置,以免失衡或上肢用力过度,可根据冰况考虑斜向打镐。

4)横移法

在攀冰过程中,有时需要攀爬者在冰壁上横向移动,横移的具体步法如下(以右移为例):

(1)在身体平衡稳定的情况下,将身体重心尽可能右移,取出右镐,向右打镐,入冰高度应以左镐高度上下为宜;

（2）两手臂伸直，身体重心落下，使双臂承受大部分身体重量，调整移动双脚，使双脚位置调整至右手镐与地面的垂线两侧，两脚间距适宜；

（3）调整右手镐为支撑镐，取出左手镐，挥镐入冰，入冰位置为右手镐附近；

（4）调整左手镐为支撑镐，重复上述动作。

横移时需要注意几方面问题：第一，先打镐，后调整脚步，以维持较好的身体稳定性；第二，调整脚步时身体重心下沉，手臂伸直，放松手臂肌肉状态，以节省体力；第三，向身体一侧打镐时注意间距不宜过大，间距过大易造成冰镐横向受力使冰镐脱出。此外，横移时冰镐可以换手，即将可自由活动的冰镐取下，镐尖朝向身后挂在肩上，再两手握住支撑镐换手，从肩上取下冰镐向一侧打镐，从而提高横移效率。

5）台阶翻越

部分冰壁存在台阶，即攀爬一定高度后有一定宽度的平面或缓坡，此时若不采用恰当的攀爬动作，容易导致攀爬效率降低甚至造成危险。台阶翻越的具体步法如下：

（1）接近台阶时，将一只冰镐打入台阶下缘30cm处；

（2）起身后将另一只冰镐打入台阶上，注意打镐距离，身体能够保持正直即可，不易过远造成身体前倾或过近导致身体后仰；

（3）将下方的冰镐取出打在台阶上，比前一镐略深或平行即可；

（4）手臂伸直，双脚弯曲交替踢冰，连续小幅上升至台阶边缘，踢冰过程中脚后跟高度切勿超过前齿，否则起身时易导致前齿脱出；

（5）取出一只冰镐，站立后向前打镐；

（6）若平台较大，提脚踏上冰面，全齿入冰，将重心转移至该脚上后慢慢站立起身，随后提起另一只脚。

二、攀冰运动的攀爬技巧

在攀冰过程中按照基本镐法和脚法攀爬时，攀冰初学者通常遇到难以选择冰爪或冰镐的合适位置，或难以维持身体平衡，体力消耗过快导致体力不支等情况，最终难以继续攀爬。因此，除基本的攀爬方法外，攀冰中有一些技巧，能够更好地帮助攀爬者完成攀登。

（一）攀爬中的休息与调整

1. 上肢的休息与调整

攀冰过程中最常出现的上肢疲劳状况是手臂与手指的疲劳，由于攀爬者需要依靠手指抓握冰镐,上升过程中需要依靠手臂力量拉升身体,手臂与手指也是上肢最容易出现疲劳的部位。缓解上肢疲劳的方式主要有以下几种:

(1)在攀爬过程中应避免过度紧握冰镐,造成体力的不必要浪费。手臂与肩部在无须发力时应保持放松,减少肌肉紧张与用力。

(2)在保持较好平衡状态时一手维持平衡,另一手向下甩动,转动手腕及手指以促进血液循环,从而获得短暂休息与放松,也可通过两手交替的方式使两手都获得休息。

(3)在较好的站立点上,如平台、烟囱点或对撑平衡时,可以采取站立或背部倚靠等方式彻底放松双手,同时让腿部也可得到放松。

(4)在冰洞、冰柱等位置上,也可通过手臂环抱的方式帮助手臂放松。

2. 下肢的休息与调整

由于长时间依靠前齿攀登与维持平衡,容易造成小腿与脚踝疲劳,因此需要定期地放松与休息。小腿与脚踝的疲劳与脚法是否正确有关,攀爬中应保持脚后跟落下,使前齿和第一对直立齿与冰面咬合,若脚后跟长时间抬起,小腿和脚踝均处于紧张状态,不仅难以稳定中心,更容易造成疲劳。在单脚站立的情况下,另一条腿可虚放于冰壁上,或抖动放松,或脚尖向下,后跟虚放,自然放松或可以通过旋转脚踝的方式放松小腿与脚踝,缓解紧张状态。

无论是上肢还是下肢,在调整与休息过程中不应浪费时间,可在休息时对后续攀爬线路进行观察与思考,从而在接下来的攀登过程中节省时间与体力。

(二)镐法的变化

1. 冰镐的使用技巧

冰镐除镐尖用于入冰,其他诸如铲头、镐柄、柄尖等位置同样可以根据冰壁情况灵活使用,从而帮助攀爬者攀登。需要注意,攀爬者可以根据冰壁的情况采用多种冰镐的使用方法和技巧,但使用前必须确认冰壁是否牢固可靠。以下是几种常见的冰镐使用技巧。

(1)挂镐。挂镐是指将冰镐镐尖与镐柄间的凹陷处挂在冰壁上,使受力面扩大,增大承受力的方法。多种冰况都可以采用挂镐的方式,如突出的冰突、菜花冰、冰冻,以及多人攀登后较大的入冰位置均可采用挂镐支撑。挂镐的要领是沿着镐柄的方向保持受力,切勿晃动、摇晃冰镐。

(2)镐挂镐。当挥镐入冰较为困难且手臂较为疲劳时,可以将冰镐直接挂在支撑镐上维持平衡或移动发力。采用镐挂镐时需要注意:第一,挂镐位尽可能以内齿挂卡在固定镐的上刃且贴近入冰位置,保持挂镐的稳定性;第二,两手同时向下发力,起身后迅速打镐入冰。

(3)斜向或侧向打镐。横移或攀爬冰柱时,有时需要斜向或侧向打镐,甚至侧向挂镐,如此才有助于保持身体平衡或进行下一个动作。斜向或侧向打镐时需要注意受力方向尽可能保持与镐柄方向的一致性,以免冰镐弯曲甚至折断,发力过程中切不可转动、摇动冰镐。

(4)冰镐支撑。当冰壁角度较小或在冰坡行走时,可以握住冰镐头或镐把上端,将冰镐作为支撑使用。通常在40°以上冰坡行走时,可以握住冰镐头,身体适当前倾,以镐尖扎入冰内将其作为拐杖使用。在60°左右的冰壁上,可以握住镐把上端,身体适当前倾,以镐尖入冰,辅助攀登。但无论在什么情况下采用冰镐支撑,都应避免摇晃冰镐,以免对镐尖造成损害。

(5)冰镐栓塞。在有冰洞的冰壁上,可以将冰镐伸进冰洞中,横向水平放置,以卡住冰壁。采用冰镐栓塞时,需要注意手握镐柄中部,水平放置于冰洞中间,使冰镐两端抵住冰洞两侧,相当于门栓的作用,此外还应注意冰的牢固程度。

2. 冰挂和薄冰攀爬技巧

由于冰挂和薄冰较为脆弱,攀爬冰挂和薄冰相对较为危险和困难,攀爬时需要加倍小心,常用的攀爬技巧如下。

(1)清理。冰挂的表面通常覆盖有许多细小的冰柱和薄冰,对于冰镐和冰爪入冰会有较大影响,如果表面的冰不能作为入冰位置,且对打镐入冰有影响时应及时清理,清理时使用镐头敲碎或冰爪踢碎即可。独立的冰挂如果不能受力且又在攀爬路线上也需要清理。清理时需注意下方人员的安全。

(2)入冰方法。若是冰挂与里层的冰结合紧密可以放心挥镐或踢冰,若结合不甚紧密但可以受力,可采用刺入的方式入冰,即看准入冰位置,冰镐或冰爪小幅度恰当用力。也可用镐尖凿出小洞或小坑谨慎挂住冰镐,此时需要细腻的镐法和脚法。

☆**本章小结**☆

(1)保护站的设置应遵循独立、均衡和备份原则,此外需要避免阳光直射引起冰面融化,并及时检查保护站安全与否。

(2)提前选取设置冰锥的适宜位置,在垂直冰壁向上倾斜5°~10°钻入冰锥强度最大,但垂直钻入更高效,并根据实际情况调整冰锥设置位置。

(3)在保护站的设置与拆除过程中,需要反复确认自身处于有效保护之下才可进行下一步操作,并确保保护员与攀爬者的沟通顺畅及时。

（4）在冰壁上进行任何行动都需要避免冰镐、冰爪等尖锐装备对自身及保护绳、扁带等装备的威胁。

（5）保护员在保护过程中应及时给绳与收绳，维持保护绳处于适当松紧度，根据攀爬者的状态有预见性地做好保护准备。

（6）打镐时，冰镐镐尖、镐柄与腕、肘、肩保持在一个平面上，以肘关节为中心向前挥动前臂，镐尖入冰时手腕适当加力做鞭打动作，打镐后需检查打镐效果后再移动。

（7）踢冰时，确认踢冰位置后踝关节收紧，使脚面呈前高后低的姿态使前齿垂直于冰面，以膝关节为轴向前摆动小腿，将冰爪前齿刺入确认的冰面位置，脚跟下压，使前齿和第一对直立齿与冰面充分咬合。

（8）攀冰过程中，所有基本身法都遵循三点固定原则来保持身体平衡与稳定，移动过程则是通过打镐或踢冰变换三点固定的位置来实现身体的移动。

第五章　攀冰运动教学

攀冰运动教学是体育运动的重要组成部分，每项体育运动的教学理论与实践都有着普遍的共性规律，也有着自身运动的特殊性。攀冰运动的教学场地相对于其他运动较为特殊，加之置身于寒冷复杂的野外环境中，使得攀冰的教学更需要从细节上把控，否则极易出现教学事故。

本章分为三个部分：教学原则、教学方法、教学设计。通过本章的学习，学习者将了解攀冰运动教学所需要的基本理论知识与实践过程。该部分在书写过程中难以面面俱到，但教学的认识论是随着时代的进步及教学经验的不断丰富而向前发展，因此学习者除了掌握该章节所书写的基础知识外，还需结合自己的教学实践和后续的系统学习不断完善教学体系。

第一节　攀冰运动教学原则

攀冰教学原则是指根据攀冰运动的理论知识与教学规律，在总结教学经验的基础上提出的，是攀冰运动理论知识与技能教学中应遵循的基本规范。攀冰的教学原则主要包括安全原则、重体验原则、主动性原则、合理安排休息与负荷原则、因材施教原则、循序渐进原则。

一、安全原则

攀冰运动是一项高危体育项目，在开展攀冰运动时需要穿戴具有危险性的装备，诸如冰镐、冰爪等，其间还涉及绳索的使用等情况。除此之外，在自然的冰壁下，攀爬者主要在一定高度的冰壁上进行运动，可能会发生冰块掉落与攀爬者坠落等情况。因此，面对较为复杂的野外攀冰环境，加强对攀爬者的安全管理与对攀冰风险的合理把控显得尤为重要。在攀冰教学中常见危险因素见表5-1，因此攀冰指导员必须全面设想可能存在的危险因素。

表 5-1 攀冰常见危险因素

危险因素	举例
器械的损坏	装备的磨损、老化、磕碰
器械操作不当	冰镐、冰爪、绳索未按操作说明使用
攀爬者思想、行为不当	攀爬者莽撞行事、急躁操作、擅自行事
攀冰技术水平的差异或保护员保护水平的差异	力量不够、动作难度太大、对冰壁不熟悉、缺乏必要的保护与帮助
场地变化	冰壁不结实、温度升高、落冰
攀爬者身体状况	攀爬者在伤病期间勉强参加运动
特殊天气	在暴风雪、刮风时学习攀冰

时刻对攀爬者进行安全教育。安全事故的发生大部分都是人为因素造成。如果攀爬者没有安全与风险的意识，甚至没有攀冰相关的安全知识，那对于攀爬者来说，这是相当危险的。因此，攀冰指导员要时刻对攀爬者进行安全教育，要让每个攀爬者认识到安全的重要性并专门组织大家学习、确保掌握安全知识与技能。

二、重体验原则

注重体验原则就是在攀冰运动教学中，让攀爬者在掌握技能和进行身体练习的同时，体验攀冰运动的乐趣，使攀爬者享受并养成参加攀冰运动的习惯。注重体验攀冰乐趣的原则是依据体育游戏的特性和攀冰运动的教学中攀爬者情感变化的规律提出的。在攀冰运动的教学中贯彻重体验原则的基本要求有如下几点。

1. 正确理解攀冰运动魅力

攀冰运动的乐趣主要在于攀爬者根据自身情况完成不同的攀冰线路，在不断地重复攀爬和脱落中提高自身攀爬能力，最后再攀爬到冰壁顶端，在该过程中攀爬者会不断克服困难，带着挑战自然、战胜自己的信心与毅力而体验到成功的乐趣。

攀冰运动

2. 注重从攀爬者的角度去理解攀冰

攀冰指导员和攀爬者对攀冰的理解有时并不相同,攀冰指导员往往从教育和传授的视角来看待攀冰,而攀爬者往往从乐趣和挑战的视角来看待攀冰。在教学时需要把两者紧密结合起来,把攀冰学习和体验乐趣紧密地结合起来。

3. 不断让攀爬者获得成功的体验

参与攀冰运动的群体不同,其体能、技能等能力也有所差异,因此在教学过程中许多学员会面临着来自失败的打击,长时间与多次的失利会打击学员对攀冰学习的积极性,所以需要在攀冰指导员的帮助下营造学习氛围,让学员在面对困难的时候仍可以获得学习的动力。

4. 善用趣味教学方法

在教学中,攀冰指导员在重视传授知识的同时,还要善于采用多种方法来帮助攀爬者体验攀冰的乐趣,如采用游戏法、挑战性练习法、分组比赛法、领会教学法、发现式教学法。通过情节化、游戏化、竞赛化、生活化等多种方式,攀爬者能够充分体验到在攀冰练习中学习、运动、挑战、交流和创新的乐趣。

三、主动性原则

在攀冰教学中,充分发挥攀冰指导员和攀爬者双方的积极性,使得攀爬者在攀冰指导员的指导下自觉积极地完成学习任务。贯彻主动性原则应注意以下几点。

(1)树立正确的教学观念,切忌"经验派"和"理论派"教学。
(2)攀冰指导员应做到技术全面,平等待人。
(3)攀冰指导员应不断提高教学的启发性,培养攀爬者良好的学习习惯和兴趣。
(4)攀爬者要明确练习的目的,并且坚持完成练习内容。

四、合理安排休息与负荷原则

在攀冰运动的练习中,攀爬者很容易产生疲劳,特别是初学者。攀冰指导员需要评估好攀爬者的身体状态,控制攀爬者的攀爬强度、时间、负荷量等。攀爬者承受了较大的负荷后需要适当的休息。攀冰指导员需要控制好负荷与恢复之间的关系。贯彻该原则需注意以下几点。

(1)要充分了解攀爬者的身体状态。
(2)在练习过程中,时常询问与观察攀爬者的疲劳情况。
(3)在练习过程中,安排好休息时间和练习时间。
(4)指导学员在练习后进行放松。

五、因材施教原则

因材施教原则是指在攀冰教学中要贯彻"面向全体学生"的教育理念,根据每一个学生的具体情况,实施各不相同的、有针对性的教学,使每一个学生的身心健康和攀冰运动技能都能在各自的基础上得到充分的发展。因此,在攀冰教学中要做到如下几点。

(1)深入了解学生。指导员应深入了解学生的身体差异诸如性别、身高、体能等情况,才能制订合理的、个性化的教学策略,攀冰指导员了解学生的方式有问卷调查、课堂观察、与学生谈话等。同时,指导员对于学生的基本情况还要进行复查。

(2)多关注学习进度较慢的学生。在攀冰教学过程中,某些技术动作有的学生掌握得快,有些学生掌握得慢,这时候攀冰指导员需要多帮助掌握较慢的学生,必要时提供额外的指导。

六、循序渐进原则

该原则是指在攀冰教学过程中,在教授学生攀冰技术动作等内容时,需要由易到难、由简到繁、逐步开展技术动作学习的原则,贯彻该原则需要攀冰指导员做到以下几点。

(1)认真钻研攀冰的攀爬与绳索等操作技术,明确其中的难点、重点,学生易犯错的地方与难以掌握的技术环节等。

(2)在技术动作教学过程中需要根据技术动作的难易来对该技术动作进行合理的分解,比如挥镐技术动作可分为冰镐后引、前挥、入冰、拔镐四个部分,其中入冰部分是难点,需要攀冰指导员引导学生多练习。同时,注意练习时动作的完整性。

(3)在技术动作练习过程中,根据练习内容的难易与学员掌握情况而有针对性地进行徒手练习、冰上练习等,使学员逐步掌握攀冰相关知识与技能。

第二节 攀冰运动教学方法

攀冰的理论知识与技能教学方法是攀冰运动过程中完成教学任务所采用的教学途径和手段。随着时代的发展与进步,教学方法会随着时代发展有所变化,所以在面对不同的教学对象时,攀冰指导员需要具体问题具体分析,因为任何一种教学方法都有其独特的适应对象并发挥着其独特的作用,攀冰指导员在具体教学实践中要在充分剖析教学内容的基础上,了解教学对象,结合自身实际情况加以选择与运用,以提高教学质量。攀冰运动教学方法主要包括:语言法、示范法、完整法、分解法、预防与纠错法、游戏与竞赛法、学练法、自评法等。

1. 语言法

语言法是指在攀冰运动的教学过程中运用各种形式的语言指导攀爬者掌握攀冰知识、技术、技能的方法。攀冰运动教学中的语言法有讲解、口令、指示、评价等形式,运用语言法时讲解要有明确的目的性,且讲解内容正确,简明易懂。讲解的目的性是指"讲什么""怎么讲""讲多少",即要做到心中有数。讲解正确是指所讲的内容应是科学的、准确的,即言之有理,实事求是。讲解要简明易懂,简明指用词得当,生动形象,讲得简要,听得明白;易懂指练习者易于理解和接受,而且技术讲解应与攀冰的思维相结合。口令和指示应声音洪亮、发音准确,声调、仪容与口令、指示的要求相一致,使练习者感受到严肃,势在必行。口头评定成绩以正面鼓励为主,否定评价要注意语气。在讲解攀冰的理论知识和各种实际操作中,语言法尤为重要。

2. 示范法

示范法是攀冰指导员(或指定练习者)示范具体动作,使练习者了解所要学习的动作,并建立正确动作表象的一种教学方法。在攀冰运动的教学中对示范法有以下几点要求。

(1)示范要有明确的目的性。

(2)每次示范应明确"示范什么"和"如何示范"。攀冰指导员应依据教学目标、练习者的特点和教学内容等合理安排常速示范、慢速示范及重点示范。

(3)示范动作要正确、熟练。动作示范得正确,才能使练习者建立正确的动作表象和概念。因此,攀冰指导员正确的示范动作是其教学基本功。

(4)示范的方向要有利于练习者观察。示范的方向应根据练习者的队形、动作的性质,充分展示不同的示范面,如正面、侧面、背面和镜面。示范的位置应根据示范动作的活动范围、练习者的人数和安全需要而定,以让练习者看得清楚动作为准。

(5)示范与讲解相结合。示范动作时,对动作进行讲解指导,让练习者掌握要点。

(6)攀冰指导员在示范动作之前,提示练习者观察示范时应先看什么、后看什么、重点看什么。在攀冰运动的技术课中,一些平常很少接触到的技术,如先锋攀登保护方法,可以用演示法进行教学。攀冰指导员先进行初步讲解和重点提醒,然后亲自示范操作,再让练习者进行练习。

3. 完整法

完整法是指从动作的开始到结束,不分部分与段落完整地传授技术动作的一种方法。优点是便于练习者完整地掌握动作,不破坏动作技术的结构和动作技术之间的内在联系。缺点是不易较快掌握动作技术中较难的环节与要点。完整法适用于教授比较简单的动作技术,或教授复杂的但分成几个部分学习的动作技术。在运用时应注意以下几点。

(1)在教简单、易掌握的动作技术时,攀冰指导员通过讲解与完整示范,让练习者练习整个技术动作。

(2)在教复杂、难掌握的动作技术时,可以突出重点,先让练习者掌握动作技术的基础部分,再掌握动作技术的细节部分,或先强调动作技术的方向、线路等要素,然后强调动作的幅度、节奏等要素。

(3)降低动作的某些要求,如缩短攀爬距离,降低线路难度。

(4)根据掌握动作的需要,选用辅助练习和诱导性练习逐步引导练习者学习动作技术。

4. 分解法

分解法是将一个完整的动作技术结构,合理地分成几个部分与段落,逐次进行教学,最后完整地掌握整个动作技术的一种方法。优点是可以降低动作技术的学习难度,突出重点和难点,提高练习者的学习兴趣,使练习者较快地掌握动作技术。缺点是割裂了动作技术,破坏了动作技术完整的结构,进而影响正确动作技术的形成。

分解法一般适用于教授比较复杂、可以分解、用完整法学习较困难的动作技术。运用分解法应注意以下几点:

(1)拆分动作时,应考虑动作结构的特点,以不改变动作的基本结构为宜。

(2)使练习者明确划分的技术环节在完整动作中的位置及各技术环节的相互关系,并为分解动作的连接作必要准备。

(3)分解法的教学时间不宜过长,最好将完整法与分解法结合起来运用。

在实际教学中,攀冰技术使用分解法较多,把复杂的攀冰技术分解为简单的几个动作,练习者掌握单个动作后将动作串联,更容易掌握复杂的技术动作。

5. 预防与纠错法

攀冰指导员为了防止和纠正练习者在练习中出现的错误而使用的方法。运用时应注意以下几点。

(1)攀冰指导员要善于发现问题,要及时、准确地指出问题,才能做到有的放矢,对症下药。

(2)攀冰指导员要善于运用辅助练习、诱导练习、转移练习来帮助练习者纠正错误动作。

(3)当练习者同时出现几种错误时,攀冰指导员要抓住主要问题,逐一解决练习者出现的错误动作。如果同时纠正练习者的几个错误,练习者将会无所适从,达不到解决错误的效果。

(4)对于多个练习者同时出现一样的问题时,要停止练习,统一解决,采用正误对比的方法纠正错误。个别练习者出现的问题应不中断大家的练习,而是针对个别练习者进行错误纠正。纠正错误动作要讲究方法,简单实效,不要占用过多的练习时间。

(5)攀冰指导员在纠正错误动作时,应先肯定练习者的进步,再指出错误,要做到耐心细致,循序渐进,激发练习者纠正错误动作的信心和激情,切不可讥讽和挖苦练习者。

6. 游戏与竞赛法

游戏法是在规则许可的范围内,充分发挥个人的主动性和创造性,完成预定教学任务的方法。运用游戏法要根据教学目标和教学任务,选择合适的游戏形式、内容引导练习者参与游戏。攀冰指导员要充分发挥创造力,科学安排练习负荷。

竞赛法是指在比赛的条件下,组织练习者进行练习的方法。运用比赛法把比赛作为一种发展和提高技能的方法,防止为比赛而比赛。运用比赛法,不要局限于某项目的正式比赛,可根据技能学习的需要采用多种形式。例如游戏比赛、教学比赛、技术比赛、测验比赛。运用比赛法时,应注意培养学生的竞争意识、公正态度、团结协作精神、高尚的道德作风及文明礼貌的行为习惯。

7. 学练法

学练法是指练习者在攀冰指导员的指导下,攀冰指导员先行示范,练习者按照一定的要求、相对独立地进行学习与练习的方法。学练法强调练习者学习的自律性,从目的、内容到效果评价都具有自我教育的特征,强调激发练习者自学、自练、自评的能力。在攀冰运动教学中对学练法有以下几点要求。

(1)使练习者明确观察指导员动作的目的。

(2)教授练习者观察动作的方法,包括观察动作技术的先后顺序等。

(3)指导练习者在观察动作中要学会思考,认知动作。

(4)提高练习者对自练法的认识,认识其重要性。

(5)攀冰指导员要教会练习者自练的方法,教会练习者理解并能运用模仿练习法、反馈练习法和强化练习法。

(6)创设自练的环境与条件,比如进行分组练习、个人练习、自由练习。

(7)课内、课外练习有机结合。

8. 自评法

自评法是在攀冰指导员的指导下,练习者依据一定的标准相对独立地对自己所学的知识、所掌握的技能进行判断,促进知识与技能学习的方法。运用自评法的基本要求有以下几点。

(1)攀冰指导员要传授自评法的基本要求,如目标、动作标准。

(2)创造练习者自我评价和相互评价的条件,如提问、解答、自评、互评、考核等多种评价方式。攀冰指导员及时对练习者自评情况进行主观分析及客观分析。

第三节 攀冰运动教学设计

教学设计是依据学习对象、学习内容、学习需求、教学目的和教学条件等,对某一门课程的单元教学计划和课时教学计划,进行教学内容、教学组织、教学负荷的科学设计,旨在减少该门课课堂教学活动中的盲目性与随意性,促进有效教学与有效学习。

攀冰教学设计是在充分了解攀冰教材内容与学习对象的基础上,对攀冰教学进行规划的一个过程,主要包括教学大纲、教案、教学实施、教学评价四个方面。

一、教学大纲

攀冰运动的教学内容繁多,特别是对刚接触攀冰的新手来说,攀冰指导员需要在教学大纲的整体框架下,明确每节课的教学目标与内容,根据技术动作或者攀冰知识的难易对教学内容进行合理设计,这样才能把攀冰的相关知识与技术系统地教授给学生,见表5-2。

表 5-2 攀冰教学大纲

课次与名称	课程要求与目标
第一节课 攀冰运动装备的学习与穿戴	1. 学生熟悉攀冰技术装备的使用、穿戴、注意事项、保养、功能等; 2. 在攀冰指导员的指导下可以自行穿戴装备与检查装备穿戴是否正确; 3. 建立安全意识,保护好装备与自身安全
第二节课 冰坡行走技术	1. 学生熟悉并掌握冰坡行走技术中三种方式:法式技术、德式技术、混合式,并了解三种行走方式所对应的冰坡角度。 2. 学生在该部分中还应掌握踢冰技术,并熟悉踢冰过程中的自我保护。 3. 先在平地上练习,在确保安全的情况下让学生熟悉后再在陡坡上练习,踢冰可在直面冰壁上练习
第三节课 挥镐技术	1. 学生基本掌握挥镐技术。在教学过程中重点讲解挥镐的动作细节,诸如如何挥镐最为有效、如何提高挥镐精准度、挥动过程中的注意事项、肌肉发力情况、在冰镐掉落中如何保护自己等。 2. 学生能够把踢冰与挥镐技术协调、流畅地连接起来,基本可以组合成一个完整的向上攀爬的技术动作

续表 5-2

课次与名称	课程要求与目标
第四节课　攀冰攀爬方式	1. 学生基本掌握攀冰中主要的攀爬方式：一镐两步式、两镐两步式、对抗平衡式。 2. 首先学习一镐两步式，在学生熟练掌握后继续教学后继的攀爬方式，即教学中的内容应该由易到难、由简到繁，从而使学生逐步掌握。 3. 三种方式中涉及挥镐与踢冰的协调发力，学生未必能在一节课的时间掌握三种攀爬方式，应根据学生的掌握情况适当增加上课节数。 4. 在教学伊始先让学生在较低的冰壁上练习，在基本掌握后，可组织顶绳攀爬
第五节课　攀冰绳锁技术	1. 学生熟练掌握攀冰保护中主要绳结的打法，能够在攀爬中运用绳结。 2. 熟悉并掌握攀冰运动中绳锁的正确的操作、功能与主要用途。 3. 了解绳锁的保养以及在使用中的注意事项，在绳锁出现问题时能够灵活处理问题（如在下降器掉落后使用意大利半扣等方式代替；绳子局部出现破损能够利用绳结技术处理等）
第六节课　攀冰保护方式	1. 学生熟练掌握攀冰保护动作中的五步保护法。同伴之间具备相互检查装备是否穿戴正确，绳锁操作是否熟练与正确，能够发现安全风险并相互提醒，并与同伴保持沟通。 2. 在教学过程中，可安排学生示范，攀冰指导员在一旁进行指导，其他学生在安全的地方观看，然后分组练习。攀爬者与保护员轮流进行保护练习
第七节课　先锋保护与攀爬	1. 学生基本掌握先锋保护方式，熟悉快挂的基本组成部分，并熟悉掌握挂快挂的几种方式，冰锥打入冰壁的方式。 2. 在教学过程中遵循先易后难、先低后高的原则，让学生在冰壁下方练习冰锥打法与快挂的方式，待熟练掌握后，再在冰壁上进行练习。 3. 先锋攀爬相较于顶绳攀爬难度更大、安全风险更高，所以在教学中必须发展评估冰壁安全的能力，除此之外，提高学生攀爬能力，不断达到先锋攀爬的要求

续表 5－2

课次与名称	课程要求与目标
第八节课　保护站建立与拆除	1. 理解保护站建立与拆除的相关理论知识。 2. 熟练掌握冰锥的使用,并能独立完成冰洞制作。 3. 能够独立正确地完成保护站的建立与拆除。 4. 了解保护站建立与拆除过程中的注意事项
第九节课　攀冰运动中常见的运动损伤处理与急救	1. 学生能够对攀冰运动中常见的损伤进行简单处理。如在攀爬者被冰镐刺伤流血时基本的包扎与止血等。 2. 熟悉骨折时简单的固定与伤员的搬运
第十节课　攀冰运动的发展历史与赛事简介	1. 该部分主要是理论课程,通过教学使学生基本了解攀冰运动的发展历史、国内外发展趋势。 2. 学生了解竞技攀冰与大众攀冰赛事,以及攀冰运动赛事的发展情况

注意事项:以上十个部分的课程大纲是攀冰教学中的基本教学框架,攀冰指导员需要在了解学生的情况下,合理地安排各部分的内容,在安排教学内容过程中必须遵循由易到难、由简到繁的原则。以上十个部分的内容安排不是一成不变,可能一节课时无法完成该节课的全部内容,比如保护站的建立可能需要几次课才能让学生较为熟练地掌握,攀冰保护技术需要学生不断地练习才能够熟练掌握并转化为自己的技能。需要注意的是攀冰运动受天气因素影响较大,所以攀冰教学的总体时间会有所差异,比如某些培训的时间只有一周、一月等,攀冰指导员需要根据自身教学的需要从教学大纲中提取一定的教学内容,满足实际培训的需要。因此,教学大纲只是框架,如何进行科学合理地设计需要攀冰指导员不断地总结与学习。

二、攀冰教案

攀冰教案就是根据攀冰教学大纲制定,合理、系统地组织攀冰基本教学的书面表达。在攀冰教学中,攀冰指导员必须在教学之前制订好教学方案,构思好教学过程,确保课程顺利实施。制订教案的基本内容与步骤如下。

1. 确定教学目标

在课程中需要学生达到什么样的目标,指导员需要做到心中有数。比如在一节课中的教学目标可以是掌握攀冰相关的绳结打法、熟悉攀冰相关的攀爬装备、掌握保护站的设置等。只有确定好课程教学目标,攀冰指导员才能够有针对性地、有计划地、有组织地制订教学方案并实施教学。

2. 编排教学内容

编排教学内容时,应先考虑基本部分的教学,如果本节课有两个以上的教学环节,应先确定其先后顺序,排列要符合运动负荷的基本要求,除特殊的教学目的和设计外,一般要先易后难、先简后繁、先小负荷后大负荷、先局部后全身,然后根据内容的重难点再排列练习顺序。基本部分编排完成后,再考虑准备部分的内容和结束部分的内容。这就要求指导员在充分了解攀冰的知识和技能的基础上,结合教学反馈和建议,不断检验和优化。

3. 选择教学方法

在攀冰教学中,常用的教学方法有讲解法、练习法、指导法、示范法等,攀冰指导员应该根据不同的内容进行不同的安排。比如在挥镐技术动作教学中,常用示范法、分解法、重复练习法等方法。

4. 确定教学安排

先确定授课的各部分时间。课程一般分为3~4个部分:开始部分和准备活动部分、基本部分、结束部分。各个部分的时间分配主要根据该部分在一节课中的作用决定,攀冰指导员需要根据教学内容与学生掌握情况安排好各部分的时间。开始部分的主要任务就是集合整队,强调课程纪律与安全事项等,除此之外,还涉及装备的准备等内容,时间一般为10min;准备活动部分主要是带领学生进行热身活动,在热身过程中可涉及攀冰中的一些小游戏,比如全齿踢冰绕圈行走等,主要目的是活动开学生身体,为接下来的基本教学部分服务,时间一般为15min;基本部分是教学的主要部分,时间不少于45min;结束部分主要是使学生肌肉放松,时间一般为10min。

5. 设计课的运动负荷和练习密度

攀冰指导员应以授课班上中等水平的学生为依据,根据教学内容、场地器材条件、气候条件等,设计课的运动负荷,预测课中最高心率,整节课的平均心率,还要根据教学人数和场地器材情况设计课的练习密度。比如在攀爬的时候如何安排好攀冰线路,减少学生在冰壁下等待的时间等,同时在每次练习时尽量使学生都能达到当节课教学目标。

6. 计划场地器材和教具

安排场地时要相对集中以便指导,在上课之前,攀冰指导员需要整理好公用的绳子、保护器、头盔等,除此之外,还有本节课教学中需要使用的其他教学器具。为避免遗忘,在书写教案时,应在"场地器材"一栏内填上本课所需的场地器材和教具的名称、数量、规格,以便课前准备。

7. 课后小结

课后小结虽然是每节课后攀冰指导员要完成的工作,但也是教案的组成部分。攀冰指导员应在课后及时将本次课教学的完成情况、教学中遇到的问题及改进的方法与措施等简明扼要地写在"课后小结"栏目中,从而不断地提高自身教学水平。

三、教学实施

教学实施是指在教学大纲、教学方案、教学理念、教学方法等理论知识的指导下把教学切实可行地实施操作,展现在学生面前并使其参与其中的一种实践活动。教学实施就是在科学的理论指导下,攀冰指导员充分发挥自身的创造力把知识与技术教授给学生,促进学生攀冰运动技能提高的过程。攀冰教学实施过程中需要注意的事项如下。

(1)熟悉并钻研攀冰教材内容,具有良好的攀冰攀爬技术和丰富的攀冰教学经验。

(2)了解学生基本情况,如体能、健康水平、年龄、性别等。

(3)认真书写教案,并经过不断地检验与反馈,提高教学实施的熟练度、可控性、科学性、合理性。

(4)根据教学过程中的实际情况调整教学安排。攀冰运动受天气因素影响较大,在教学实施过程中,遇到天气等不利因素的影响时需要有教学的备选方案。比如因天气原因不可攀爬时,可以在室内观看攀冰视频等,使学生初步了解教学内容,待天气合适时再实操。

(5)认真做好教学总结,不断提高教学质量。

攀冰教学实施案例(表5-3):

表 5-3 攀冰教学实施情况表

教学内容	挥镐技术	重点	精准挥镐发力,前臂摆动流畅且动作稳定
		难点	大臂与前臂协调发力,上肢放松不僵硬

教学目标	1. 通过攀冰指导员的指导与教学组织,让学生基本掌握挥镐技术,基本具备精准挥镐入冰的能力,了解挥镐动作中需要注意的事项、易犯的错误及其改进措施。 2. 攀冰指导员运用启发引导和小组间的相互体验、合作探究、相互评价等方式帮助学生逐步掌握技术动作。 3. 通过练习培养学生勇敢果断、坚韧不拔和勇于克服困难的意志品质,提高与同伴探究交流、相互合作的能力

顺序	时间	教学内容	组织、教法、学法与要求	
			攀冰指导员活动	学生活动
开始部分	5min	一、课堂常规 1. 鸣哨集合,整队,报告人数。 2. 检查服装,询问学生健康状况,安排见习生。 3. 介绍本课内容,布置学练任务	教法: 教师讲解本课任务,用语言激励学生,激发学生学习愿望。 要求: 1. 讲解清楚,声音洪亮。 2. 服装整洁,精神饱满。 3. 队伍整齐,背风背阳	组织:两列横队 + + + + + + + + + + + + ▲ 要求: 1. 认真听讲,了解本课任务。 2. 精神饱满,注意力集中
准备部分	10min至15min	一、徒手操 1. 活动主要关节。 2. 其他热身手段。 二、专项活动 大臂与小臂置于肩膀上方成90°角,往前旋转低于肩膀成90°角,再下沉,最后反过来回到第一步。腿部动作为半蹲姿势。该激活动作可进行10次	组织:两列横队,成体操队形。 + + + + + + + + + + + + ▲ 教法: 1. 提出动作要求并示范。 2. 口令指导学生练习,适时语言和动作提示。 要求: 动作到位,提示及时	学法: 1. 认真听清攀冰指导员安排和要求。 2. 按要求做热身。 3. 按要求做好每组动作。 要求: 1. 动作正确,动作到位。 2. 听从指挥

续表 5-3

基本部分	根据教学的进度合理确定	一、讲解挥镐技术动作要领 1. 挥镐时，手臂和手腕的挥动要跟冰镐在一个平面上，让挥动力量高效传递给冰镐。 2. 为保证镐和小臂处于一个平面，握镐时，镐柄正处虎口中央，大拇指和食指拢夹住两侧。 3. 挥动时肩膀稍向内收，尽量让大臂和小臂在同一平面上，肩膀稳定，大臂带动小臂挥动，大臂的位移很小，主要是小臂转动，在入冰前手腕发力。 二、组织练习 1. 徒手模仿练习。 2. 手持冰镐练习。 3. 冰壁实战练习	教法： 1. 讲解攀冰挥镐中需要注意的事项。 2. 教师讲解、示范动作。 3. 教师提出相关问题，引导学生回答。 4. 引导学生进行模仿练习。 5. 根据学生人数，分组练习。 6. 教师巡视观察，辅导学困生，释难解疑，启发引导，适时激励。 7. 纠正错误动作，树立榜样作用。 8. 教师小结学习内容。 要求： 1. 讲解清楚，语言精练。 2. 示范标准，动作规范。 3. 教法得力，组织到位	学法： 1. 认真听讲，明白挥镐中需要注意的事项。 2. 仔细观察教师示范动作，聆听教师讲解。 3. 尝试无镐模仿练习，感悟动作特点。 4. 持镐练习，感受发力。 5. 持镐实战练习，体会冰镐入冰的发力。 6. 结合教师小结进行自我评价，改进学习中的不足。 要求： 1. 认真听讲，积极学练。 2. 互帮互助，共同进步。 3. 挑战自我，勇于实践。 4. 遵守规则，牢记安全
结束部分	5min	1. 整理放松。 2. 师生总结。 3. 收拾器材。 4. 师生再见	教法： 1. 组织放松操。 2. 引导学生总结收获和感受。 3. 安排学生收拾器材。 4. 宣布下课，同学生再见	组织：两列横队 + + + + + + + + + + + + ▲ 学法： 1. 同教师做放松操。 2. 学生积极发言总结自己收获。 3. 安排学生收拾器材。 4. 同教师再见
教具准备		冰镐若干、户外攀冰场一块	预计运动负荷	心率在110～130次/min之间。 练习负荷：50%

四、教学评价

教学评价是依据攀冰教学目标与目的,运用科学评价的方法,对攀冰中"教"与"学"的过程及其结果,进行价值判断和测量评定,其目的是为改进教学、提高教学质量提供科学依据。教学评价的本质是学生与攀冰指导员相互评价的过程,而在攀冰教学中,主要的组织者是攀冰指导员,他们对教学有着充分的把握,所以在攀冰教学评价中,主要是针对学生进行评价。构成攀冰教学评价结构的四个基本要素为:"为什么评""谁来评""评什么""怎么评"。

(1)"为什么评"是教学评价的目的,主要是为了判断学生攀冰学习的状况,评定成绩。针对学生在攀冰学习中遇到的问题,从而帮助学生学习解除障碍,督促学生学习,激励学生继续进步,不断促进学生的发展。

(2)"谁来评"主要是指评价主体。体育教学的双方是学生与指导员,所以两者都是教学评价的主体,然而在攀冰教学过程中,学习的主体是学生,不是教学的主要引导者,因此指导员一般是教学评价的主体,学生为客体。在学习过程中学生之间可以相互交流、相互评价、自我评价,从而使得教学评价更加全面。

(3)"评什么"主要是指攀冰中评价的内容。它的主要内容包括两个方面:情感态度评价与学习评价。情感态度评价即在攀冰过程中学生参与的积极性、人际交往与团队合作的态度、学习热情与兴趣等方面;学习评价主要指学生掌握的技术与知识程度、运用专项技术的能力以及根据训练理论组织训练的效果等方面。

(4)"怎么评"主要解决的是评价方法的问题。攀冰教学评价方法主要包括形成性评价、终结性评价、定性评价、定量评价、绝对评价和相对评价六种方法,由于单一的评价方法具有局限性,综合运用多个评价方法可以提高评价的准确性。因此,攀冰教学评价方法主要有三种:形成性评价与终结性评价、定性评价与定量评价、绝对评价与相对评价。三种方法都关注两个方面:第一,学生在攀冰学习过程中的表现;第二,学生在学习攀冰后获得的进步。

☆**本章小结**☆

攀冰运动教学是整个攀冰运动中的重要板块。在教学过程中,攀冰指导员在教学原则的指导下,运用一定的教学方法实施教学。攀冰教学原则是指根据攀冰运动的理论知识与教学规律,应遵循的基本规范,主要包括安全原则、重体验原则、主动性原则、合理安排负荷与休息原则、因材施教原则、循序渐进原则。攀冰的理论知识与技能教学方法是攀冰的教学过程中完成教学任务所采用的教学途径和手段。攀冰教学方法主要包括:语言法、示范法、完整法、分解法、预防与纠错法、游戏与竞赛法、学练法、自评法等。在攀冰教学中主要包括教学大纲、教案、教学实施、教学评价等四个方面。

第六章　攀冰运动训练

攀冰运动训练是在攀冰教学的基础上对攀爬者进行更加深刻的身体与技能练习的实践活动,该实践过程中涉及攀冰计划的制订、实施等方面。在每一次的训练过程中包含着训练时间、训练负荷量、训练间歇、训练恢复等内容。本章从三个方面入手,梳理攀冰运动训练组织者在训练过程中所需的理论知识、训练方法、训练原则。最后,通过以上板块的分析,总结归纳如何实施攀冰训练。通过本章的学习,学习者将了解攀冰训练的基础步骤。

第一节　攀冰技能训练原则

练习者在攀冰技能练习活动中所遵循的基本准则称为攀冰体技能的练习基本原则,是依据攀冰技能练习活动的客观规律,而确定的组织攀冰技能练习所必须遵循的基本准则,对攀冰技能实践具有普遍的指导意义。组织攀冰训练的过程中,攀冰指导员需要在训练原则的指导下开展训练实践。指导攀冰技能的练习基本原则包括安全性原则、动机激励原则、有效控制原则、系统练习原则、适宜负荷原则、区别对待原则、适时恢复原则。

1. 安全性原则

安全性原则是指在攀冰的训练过程中,把学生的安全置于第一位置,从而科学合理地安排攀冰训练。贯彻该原则应做到以下要求:

(1)在训练中加强学生的安全教育,并在练习前告知学生攀冰中存在哪些风险以及预防措施,时刻提醒学员注意锋利的冰镐等攀冰装备的使用。

(2)教导学生在攀爬练习过程中量力而行,在遇到超出自己攀爬能力的线路时,切勿强行尝试。

(3)训练开始之前充分热身,提高心率与增加身体温度,从而克服内脏器官的生理惰性与减少肌肉黏滞性,增加其弹性,减少肌肉拉伤的风险。

(4)告知学生做好保暖措施,以免出现冻伤等安全事故。

(5)在攀冰训练活动中不断强化学生的安全教育,使学生了解攀冰过程中容易出现的安全问题,并教授规避风险的方法,从而把风险控制在可控的范围内。

2. 动机激励原则

动机激励原则是指通过有效的方式,如设置训练目标、游戏训练等,激发学生参与攀冰训练的积极性和主动性。贯彻该原则应做到以下要求。

(1)在训练过程中为学生设立可达到的目标,完成目标并表现较好的同学可以运用简单的激励手段,如设立奖项颁发攀冰训练的结业成绩证书、赠送攀冰纪念物小挂件等礼物,以此增强学生的训练动机。

(2)攀冰指导员应该多运用鼓励性的话语激励攀爬者不断克服困难,减少简单粗暴的处理方式并耐心指导训练,攀冰指导员需要明确的是竞技攀冰与大众业余攀冰的差异性。竞技攀冰的主要目的是出成绩,拿得好名次,所以在训练过程中往往是追求高效率,训练过程中负荷强度大,训练的重复性较多;而大众业余攀冰的目的是健身与休闲,因此,在训练过程中,攀冰指导员需要根据不同的训练群体,采用不同的激励方法。

(3)在攀冰训练过程中需要攀冰指导员充分发挥其主观能动性,如改变训练的方式、场地、条件等方式,从而减少训练的枯燥感,增加训练的趣味性。

3. 有效控制原则

有效控制原则指对攀冰活动进行合理的监督、调控训练过程。在攀冰训练过程中,主要训练对象是一个个具有丰富情感的人,在训练中必然会出现一些背离训练目标的情况,这个时候就需要攀冰指导员对训练进行调控使得训练回归正轨。贯彻该原则应做到以下要求。

(1)制订科学合理的训练计划。攀冰运动中需要更多的是肌肉耐力,特别是手臂肌肉耐力。当然在速度攀冰中更多的是攀爬者肌肉爆发力的运用。因为攀岩运动与攀冰运动在攀爬方式与训练方式方面等具有很大的相似性,因此在有条件的情况下,训练计划中可涉及攀岩的一些攀爬,如耐力爬高、横移等。其间需要注意的是攀冰与攀岩还是有差异性,所以要处理好一般训练与专项训练的关系。

(2)对学生的体能状况与攀冰技能不定期进行评估与测验,收集到相关数据并建立档案保存,以便评估对比时使用。通过阶段性的测试不仅可以激发攀爬者训练的积极性,还可以为下一阶段的训练提供依据,从而使训练目标在训练的调控与优化中逐渐达成。

(3)根据学生训练过程中的实际情况调整训练计划。攀冰运动在训练过程中的不确定性因素较多,比如冰壁会受到天气的影响,训练计划亦会受到影响。所以在攀冰的训练过程中,需要制订备用训练计划,当遇到突发情况时,攀冰指导员还可以启用备选训练计划来组织训练。

4. 系统练习原则

系统练习原则是指持续、循序渐进地组织攀冰训练的原则。攀冰训练中涉及绳锁处理、保护站建立、攀爬技能等知识。这些知识与技能的掌握不是零碎的训练与用较少时间就可以达到,该学习过程需要系统的训练才能完成。贯彻该原则需要注意以下要求。

(1)攀冰指导员需要仔细研究攀冰教材,学习运动训练相关的书籍,特别是攀爬技术等板块的内容,可以从系统的角度对攀冰训练内容进行把握,并在实践中检验和完善。

(2)训练需要有系统性,即在训练计划的指导下,训练需要持续不间断,比如周一到周天的训练时间与内容基本保持不变,在学生进步后再调整。

5. 适宜负荷原则

适宜负荷原则指在攀冰训练过程秉持遵循学生健康第一与掌握攀冰技能的要求,在学生身体可接受的情况下对其施加负荷,不断使学生进步。贯彻该原则应做到以下要求。

(1)了解负荷的构成。负荷由负荷量与负荷强度两方面构成。前者是负荷刺激量的大小,比如攀爬中连续攀爬的次数等;后者是负荷刺激的深度,比如攀冰运动里上肢练习中负重引体的重量等。在训练过程中需要控制好两者之间的关系。

(2)负荷的增加需要循序渐进,因为在训练过程中人的机体需要一个适应的过程,即人体运动的生物适应机制。因此,在学生掌握基本的攀爬技能后,在训练的开始阶段不宜攀爬太长时间或太多次数,待其机体适应后再逐渐增加负荷。

(3)处理好科学负荷与合理恢复的关系。训练是一个对身体不断施加刺激的过程,在施加负荷的过程中人的机体会产生肌肉酸痛等反应,如果放任其不管,势必影响后续的训练,因此训练后的放松尤为重要。

6. 区别对待原则

区别对待原则是指针对不同性别、不同身体素质的学生,在训练过程中施加不同的负荷,运用不同的训练方法,制订不同的训练目标等。贯彻该原则应做到以下要求。

(1)充分了解学生相关情况,如身体素质、运动史、疾病史等。

(2)在训练过程中处理好所有学生共同训练目标与个人训练目标的关系。

(3)根据学生的体能、性别、身体素质、攀爬技能等掌握情况开展训练计划。

7. 适时恢复原则

适时恢复原则是指及时消除学生在攀冰后产生的疲劳,促使机体快速恢复并产生超量恢复,不断提高身体体能。贯彻该原则应做到以下要求:

(1)准确判断学生在训练过程中的疲劳程度。主要包括攀冰指导员的观察与学生的自我感觉、心理测试、生理测试等(详细内容可参考运动训练学教材)。

(2)积极加速学生身体恢复,主要方法包括按摩、营养补充、水浴、变化训练方式等手段。

(3)在训练过程中合理安排攀冰训练时间,在室内情况下,建议一周的训练安排:周一到周天中需要安排中间一天休息,一般为周四,其余时间组织训练内容,早晚各一次,根据学生疲劳程度安排不同训练内容。在户外寒冷的冰壁下训练,需要根据天气的变化合理安排训练内容,因为冰壁的安全性受天气影响较大。

第二节 攀冰训练方法与基础理论知识

攀冰技能的练习方法是指在攀冰练习活动中,发展练习者的攀冰能力,完成练习活动的途径和办法。攀冰运动的训练方法主要包括分解、完整、重复、间歇、持续、变换、循环训练法等,下面将对每一种方法进行详细阐述。在每种方法的阐述中可分为一般训练与专项训练。一般训练不涉及与攀冰直接产生联系的技术动作,比如简单的引体力量练习等。但在设计一般训练过程中如果设计的动作能够与攀冰技术动作的生物力学模式相似,这样训练效果会事半功倍。专项训练就涉及攀冰相关的技术动作,如爬高训练等。专项训练与一般训练的模式相同,只是训练内容有所区别,因此在下文的训练方法举例中,只涉及攀冰运动专项的例子。

当然在攀冰训练方法板块中,还涉及攀冰训练中的一些基础知识。因此,攀冰训练主要包括训练方法与基础理论知识两个方面。

一、攀冰运动训练基础知识

训练的实践过程是建立在一定的理论基础之上,只有实现理论与实践的良性互动,攀冰训练才能在科学化训练的基础上向前发展。攀冰训练基础知识板块中主要介绍攀爬者体能特征、攀冰运动训练准备过程两个方面。

(一)攀爬者体能特征

传统的体能训练主要偏重对某一运动素质(耐力、速度、柔韧等),忽略机体整体的潜能,而攀冰运动体能训练结合人体结构及攀冰运动中的发力特点,可概括为三个方面的专项体能训练。

上肢体能训练。攀冰运动需借助攀冰装备,其上肢的体能素质要求较高,针对初次接触攀冰运动的新手,往往因为上肢力竭,从而无法完成攀爬。除此之外,在攀爬能力逐渐提升之后,攀冰过程中会涉及上肢大臂小臂锁定的情况,因此在上肢训练过程中需要加强上肢锁定能力的训练。如在引体向上的训练中可设定肘关节角度为大于90°、等于90°、小于90°的锁定训练。为了提高攀爬者小臂肌群的耐力素质,可设计在某一固定物上进行悬垂练习。

下肢体能训练。在攀冰运动中如果能够充分利用腿部力量的优势,可以使整个攀爬过程变得轻松许多。从人体直立行走的形态学上分析,往往腿部可以承受较大的负荷,因此攀冰运动下肢的体能训练异常重要,而下肢的训练包括腿部大小肌群、踝关节、膝关节的力量和耐力训练。对于刚接触攀冰的新手来说,在充分利用腿部发力的基础上再进行下肢相关训练会起到事半功倍的效果。

躯干体能训练。上下肢的专门训练是保证攀爬的基础,而躯干的训练则是把上下肢的训练成果串联起来的关键。躯干的训练主要包括背部、腰部肌群的训练。其中最为关键的是核心训练。核心位置是在围绕人体重心所在的腰椎、骨盆和髋关节联合周围,它们处于上下肢的结合部位,具有承上启下的枢纽作用,因此通过深蹲、硬拉、平板支撑等训练方式对核心的稳定与力量提升具有重要作用。

综上所述,攀冰运动是一个涉及人体全身大部分肌群的攀爬运动,攀冰指导者在体能训练中除了解上下肢、躯干的训练对攀爬者攀爬能力提高的内在规律外,还需要从整体观的角度出发,将攀冰运动整体所需运动素质纳入运动员整体能力提升的高度综合考量。人体各器官之间是紧密联系、相互影响的,在攀冰运动体能训练中,运动负荷量给予机体施加的刺激使各器官系统产生的适应性变化也是相互联系和相互作用的。任何专项运动对运动员各器官系统机能的影响都在不同程度上存在局限性,因此在进行体能训练时要采用多种练习内容、方法和手段可以补充专项技术训练的不足,促进各器官系统机能的提升,从而保障专项训练的正常开展。所以在有条件的情况下,攀冰运动的参与者在训练中可涉及多种运动,如攀岩、羽毛球等,在参与的过程中可实现不同身体素质能力的相互补充。

(二)攀冰运动训练准备

体育运动中体能练习的初始阶段大部分都涉及一个准备过程,攀冰运动同样如此。在开始攀冰的体能练习前需要做如下准备:一是身体检查。目的是确认是否有影响训练的疾病因素。二是学员与攀冰相关的身体素质评估。目的是了解学员的基本素质情况,从而查缺补漏,设计训练计划。三是在训练中加强相关训练方面的理论学习并在训练后书写训练日志。目的是实现理论与实践的良性互动,从日志记录中发现训练中的短板与个人的训练规律等。

1. 攀冰基础素质评估

该测试主要是通过简单的攀爬,评估攀爬者在攀冰中的身体爬行感,主要的指标有爬行的流畅度、灵活度、协调性等。所以在测试中主要运用攀冰中基础攀爬方式"一镐两步式",因涉及攀爬方式,故该测试需要在学生掌握该攀爬方式的初始阶段开展,该步骤可在攀冰运动教学中进行,同时在攀冰体能训练中定期进行测试,从而在测试中发现攀爬训练短板进而改进与完善训练计划,不断提高攀爬者的攀爬能力。

(1)测试目的:测量攀爬者冰壁攀爬的综合能力。

(2)测试方法:在 $75°\sim80°$ 的冰壁上,先挥一镐入冰,然后以冰镐入冰点作为等腰三角形的顶点,两脚踢冰,构成一个等腰三角形;离开基本姿势,在头部的右上方挥出右镐,尽量打高,但以脚后跟不被迫抬高为前提;冰镐入冰后,右手臂伸直,臂部外顶,给腿部活动留出空间;重心转移到右脚上,左脚踢冰,踢冰位置在左镐正下方,右膝盖的高度;左脚入冰后,重心转移到左脚上,右脚踢冰,位置与左脚平齐,与右镐构成等腰三角形;然后站起,双腿微屈,腰部往里顶,上身稍离开冰壁;拔出左镐后,在身体左上方挥镐,如此循环,攀爬至 $3\sim10m$ 即可。

(3)评估内容:练习者在练习过程中抬腿是否困难,挥镐是否轻松,两脚距离是否适宜,握镐姿态、重心的移动、手脚并用的协调性,在运用攀爬工具时是否流畅省力,攀爬高度是否达到测试所需高度等。

2. 训练日志书写

训练日志的书写中会遇到学员不知道写什么的情况,所以攀冰指导员在训练前需要指导学员书写攀冰训练日志。训练日志的书写内容主要包括训练的具体时间、训练时长、负荷大小、训练中的感受、训练中发现的问题等。书写内容要求真实,杜绝流水账式的记录。同时在书写前告知学员书写的目的,以便提高学员自身书写训练日志的积极性。

二、攀冰基本训练方法

1. 分解训练法

分解法是指将完整的技术动作或者训练内容分解为合理若干部分或环节,按照部分或者环节分别进行训练的方法。

专项练习举例:在攀冰运动速度训练中,学生刚接触攀冰运动,身体体能等各方面还不能完成整条线路的攀爬,因此在训练中可以把攀爬的全过程合理地分为几个部分,从而展开练习,待学生各方面动作基本定型之后,再训练全程攀爬。

在难度攀爬过程中,攀爬的挥镐、踢冰与身体的联动组成一个攀爬过程,挥镐与踢冰两个环节中又涉及其他的技术动作细节,因此在训练中如果发现学生哪个部分掌握相对欠缺,可以把该部分单独拿出来反复进行强化训练。

2. 完整训练法

完整训练法是指从技术训练等训练内容的开始到结束,完整地组织训练全过程的练习方法。

专项练习举例:攀冰训练的内容主要包括攀爬技术训练、保护站建立与拆除、保护员保护技术等。就攀爬技术而言,主要涉及攀爬者如何通过训练使攀爬技术得到提高。所以针对攀爬技术,在训练中安排学生在可以完整完成的线路上多次反复进行攀爬,即多趟次完整地攀爬。

3. 重复训练法

重复训练法是指多次重复同一练习,两次(组)练习之间安排充分休息时间的练习方法。体育技能熟练的掌握是在科学合理的动作规范下不断重复练习的结果。攀冰运动亦是如此。该方法的负荷时间一般为5～300s,应根据不同训练内容,合理安排负荷时长。

专项练习举例:在踢冰练习过程中,针对学生踢冰动作的不熟练,攀冰指导员可以在比较缓的冰面上或者比较低的冰壁下让学生反复练习踢冰动作。在练习过程中可把该过程分为合适的几组,每组又分若干次练习。重复训练法虽然讲究的是安排充分的休息时间,但是以不降低学生肌肉的兴奋性为宜。

4. 间歇训练法

间歇训练法是指对多次练习的时间做出严格规定，使机体处于不完全恢复状态下，反复进行训练的练习方法。该方法与重复训练法最大的区别就在于施加负荷后机体不完全恢复，间歇时间固定。比如在爬高的重复训练中，学生爬完一整条线路后需要充分休息好再继续。而在间歇训练中，学生上肢的充血发胀感还未完全消退时，就需要继续进行下一趟攀爬训练，从而使得训练的刺激深度达到较为理想的状态。当学生力竭严重时，适当增加间歇时间，避免影响下一次训练的效果，一般情况下当训练者的心率恢复至 120 次/min 即可开始下一组训练。

5. 持续训练法

持续训练法是指持续时间较长、负荷强度较低，无间断地连续进行的练习方法。该方法一般运用于提升一般耐力素质，也有助于完成运动强度不高但动作过程较为细腻的技术，如挥镐动作与踢冰动作的协调配合。负荷时间一般大于 5min，攀冰指导员需要根据训练需求选择合适负荷时间。

专项练习举例：在挥镐动作与踢冰动作的协调配合练习中，该部分技术涉及的动作多且复杂，因此在练习过程中，需要安排简单的训练线路（在学生能力范围内可以轻松完成）不间断地进行攀爬，在反复多次的训练中，学生就可以逐渐熟悉并掌握该技术。

6. 变换练习法

变换练习法是指变换练习内容、运动负荷、练习形式以及条件等，以提高训练的趣味性，运动员的训练积极性、适应性与应变能力的训练方法。它主要包括负荷变换、内容变换与形式变换三种方式。

专项练习举例：在攀爬过程中，可以先爬比较难的线路，待学生尝试多次未能完成时，再降低难度与减少攀爬的次数，从而增加学生完成训练的信心。

7. 循环训练法

循环训练法是指根据训练的具体任务，将训练任务设置为若干练习站，学生按照既定顺序与路线，依次完成每站训练任务的练习方法。

专项训练举例：在攀冰运动中可以将攀冰常用的"一步一镐式""一步两镐式""平衡式"等三种攀爬方式分为三个练习站，在训练爬高的过程中攀冰指导员规定好变换练习站的高度，当学生攀爬到规定高度时需要变化攀爬方式，通过这种训练方法，不断增强学生的攀爬能力。在训练过程中可以设定每个循环与每个练习站的间歇时间，也可以循环完一轮充分休息再继续进行下一轮。这要根据参训学生的具体情况(如耐力)等来决定。

第三节 攀冰训练计划制订

攀冰训练计划是指对未来训练过程预先做出的科学合理设计,它是指导训练过程和训练目标的路线图,是攀冰指导员执教理念的直观表现,详细的训练计划对提高训练的质量和效益具有积极意义(徐建华,2015)。攀冰运动是一项受天气与季节影响的时尚运动,攀冰运动的开展时间一般在寒冷的冬季。因此,攀冰训练一般不会超过三个月,所以在有限的时间里完成训练任务就需要制订详细、科学、合理的训练计划。攀冰训练计划的制订主要包括计划制订原则、计划制订思路、计划调控三个方面。

1. 训练计划制订原则

攀冰训练计划原则是根据攀冰运动的客观规律而产生,用于制订攀冰训练计划的基本要求。在制订攀冰运动训练计划之前首先需要做的是了解参训学员的情况,如年龄、性别、运动习惯等。

在攀冰训练中会遇到毫无基础的学员,也会遇到想继续提升的学员。对于前者,训练主要集中在基本技术的教学与基础体能练习两个方面。对于后者,训练计划主要集中在学员体能方面的训练,如结合攀冰开展的上肢耐力训练,连续或多次分组攀爬等练习。因此,计划的制订是建立在了解学员的基本情况下进行的。除此之外,还需要根据训练周期安排训练内容,如为期一个月的训练计划如何安排与制订,从而确定每周的训练计划安排,最后到每天的训练计划安排。

总而言之,攀冰训练计划的制订是攀冰指导员根据学员的具体情况及训练周期、为达到训练目标进行编制的,并在实际训练过程中结合学员表现情况来灵活调整。

2. 训练计划制订思路

攀冰计划制订思路首先从攀冰指导员与学员两个角色入手,即作为学员在掌握一定攀冰理论知识与攀爬技术的基础上如何制订自身训练计划,而作为管理一个学员团队的攀冰指导员来说,如何处理好学员个人与团队的训练关系,把控训练量与较高效率完成训练任务等。但无论计划如何制订,不变的原则是保持学员的攀爬量,特别是针对初学者要以攀爬为主,其他训练为辅。

其次,对于训练计划的制定者来说,在制订训练计划并实施时,必须以安全第一为原则，合理规划好行程，携带好攀爬装备并购买户外运动保险。在训练计划上根据现场实际情况安排训练任务，比如上午是冰壁相对其他时间更为稳定的时候，该时间段以攀爬训练为主，以在冰壁下横移训练为辅。除此之外，因为学员自身具备一定的攀爬基础，所以在进行攀冰训练之前，可通过3个月左右的时间，在有条件的室内进行适应性训练，训练内容包括巩固基本技术并加强心肺耐力，上肢耐力、下肢力量等的训练，从而为攀爬做好体能准备。具体的身体素质训练手段可参考相关的训练书籍。

最后，通过构思训练计划框架，制订训练计划方案。训练计划方案主要包括训练的总目标、每天的训练目标、训练时间（需要灵活）、训练负荷量等。

3. 计划调控

训练计划是对训练实践的一种提前规划，而在实际训练过程中会出现一些与训练计划相冲突的因素。当发生如此情况时，就需要灵活地调整训练任务与目标，做到具体问题具体分析。比如在进行为期一周的训练后，大部分学员已经备感疲劳，训练积极性不高时，这个时候就需要减少攀爬量，变换训练方式，或者通过有氧慢跑等方式进行积极恢复，待学员获得良好恢复后，再进行原计划的训练。如果需要增加训练的趣味性，可设计训练游戏等，使得学员在轻松愉快的氛围中达到恢复与训练的目的。

第四节 攀冰训练计划实施

攀冰训练计划实施就是通过一定的手段完成训练任务并提高学员攀冰能力的过程。在实施过程中涉及训练课的组织与调控，该环节与攀冰教学的实施步骤类似，在体能训练的实施板块中进行讲述，此处就不再赘述。需要强调的是，在攀冰训练的实施中，主要针对训练手段的设计，并在教授攀冰基本技术动作的基础上，通过一定的训练手段巩固与强化技术动作和攀爬能力。因此，在攀冰体能训练实施环节中以训练手段举例的方式进行阐述。

攀冰因为受到季节与温度的影响较大，为了达到良好的训练效果，可以在室内和户外两个场地分别开展攀冰体能与技能训练。通过两者相互结合与灵活变换，即在攀冰未开始的前期在室内进行基础体能和基本技术训练，然后再进行户外攀冰技能与体能的强化，通过在室内与户外练习的互动中不断提高攀冰体能与技能训练的水平。

在室内练习的攀冰准备阶段，因为具备更为完善的训练设施，所以把体能训练安排在室内,为后期的户外攀爬打下良好的体能基础。除此之外,在室内攀岩馆等运动场所,亦可进行攀冰专项技术的训练,如利用岩壁进行冰镐勾挂练习。室内训练的优点是基本不受天气、季节等不可抗力因素的影响,但缺点是丢失了在壮美冰壁上与自然融为一体的意境美、自然美和体育美。所以,室内训练与户外攀冰训练相结合的方式不失为一种有效的训练手段。下面以攀冰室内体能训练与户外技能训练的手段举例。

1. 负重抗阻力练习

负重抗阻力练习主要通过负荷一定的重量,并重复一定的练习次数来刺激机体发展力量素质。负重抗阻力练习的使用器械一般有杠铃、哑铃、沙袋、铅袋、橡皮带等,重复次数可以根据学员的实际情况来进行灵活调整。例如负重卧推胸肌核心力量的动力性练习。学员平躺在卧推凳上,双手举起杠铃做抗阻力练习,到达最高点时停止1~2s,手指对握,手腕不能塌,让手掌"立"在手腕上,前臂不发力,肱三头肌的位置不要刻意紧张,胸部夹紧,靠胸部力量撑住杠铃,如图6-1所示。

卧推　　　　仰卧宽卧推　　　　屈膝卧推

图6-1　平板杠铃卧推练习

2. 克服弹性物体阻力的练习

该练习是通过对抗弹性物体形变而产生的阻力来发展力量素质,如使用拉力器、握力器、橡皮带等。以下是弹性物体抗阻训练举例:仰卧长凳上,双手拳心相对,持橡皮条,直到不能更高,静止2s,让胸大肌完全伸展,然后将两臂从两侧向下,回到开始位置,重复多次,直到力竭,如图6-2所示。

3. 对抗性练习

力量的提升需在对抗中不断增强,这种练习是通过对抗双方以短暂的静力作用发展力量素质。对抗性练习一般不需要任何器械和设备,通过掰手腕、双人推、拉、拌等动作进行练习,从而缓解运动训练中的枯燥与乏味,提升运动兴趣。

 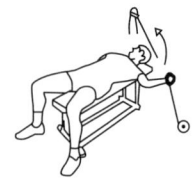

图 6-2 仰卧"飞鸟"抗阻力练习

4. 克服自身重力练习

攀冰的运动特点是攀爬者克服自身重力,在光滑陡峭的冰壁上进行攀爬,因此在攀冰的体能训练中需要了解该特点并通过一定的练习手段增强四肢和核心力量。因此,在设计训练手段时需要与该项目的生物力学特征相类似,从而使得训练的效果可以更好地助力攀爬。训练动作如引体向上(图6-3)、悬垂举腿(图6-4)、倒立爬行(图6-5)、推小车(图6-6)等。

 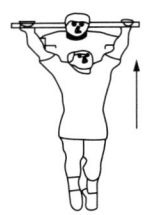 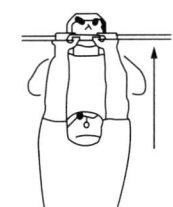

正握引体向上　　　　　宽握引体向上　　　　　颌下引体向上

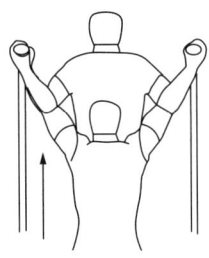 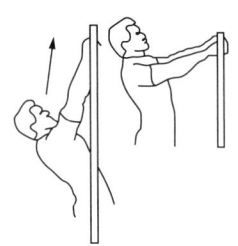 

直臂引体向上　　　　　单臂锁住引体向上　　　　上下交错点引体向上

图 6-3 自重引体向上举例

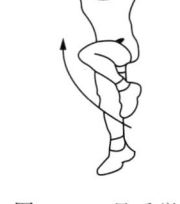 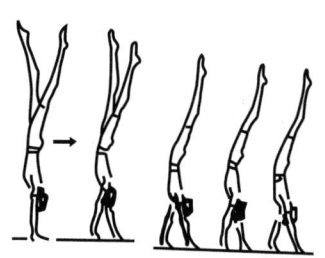 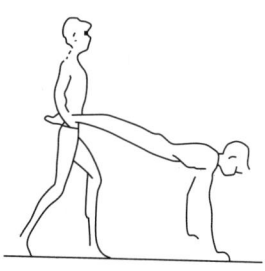

图 6-4 悬垂举腿　　　图 6-5 倒立爬行　　　图 6-6 推小车

攀冰运动所需要的耐力性训练,并非与传统的田径运动等项目类似,对心肺耐力要求极高。攀冰运动其本身所需的耐力是以力量耐力为主,心肺耐力为辅。但心肺耐力强是保证肌肉供氧的基础,加强心肺耐力的训练同样具有积极意义。

二、户外专项技能训练

专项训练的方式和手段与一般训练不同,专项训练往往与运动项目的动作技术、生物力学等相互联系。如在攀冰运动中的爬高练习、攀冰的横移、持镐锁定练习、持镐引体向上与单镐锁定连续挥镐爆发力练习等。其中,负荷强度与间歇时间等需要根据不同的群体来灵活设定。

1. 攀冰爬高练习

该练习是在学员掌握一定的基本技术时通过攀爬自己能力范围的线路,从而达到训练自身耐力与不断巩固基本技术的目的。攀爬高度一般不做规定,只需要学员攀爬到力竭为止,间歇时间不可过长,从而保证学员肌肉的兴奋性与负荷刺激的叠加,训练组数一般为 3~5 组。

2. 横移练习

横移练习与爬高练习相同,是训练攀爬技术与耐力的重要手段。训练要求与爬高基本一致。

在横移练习中因为训练的高度普遍较低,因此该训练方式可以使得某些学员摆脱对高度的恐惧心理,从而把注意力聚焦在攀爬动作与技术上。当学员逐渐具备一定的训练基础之后,可以在横移过程中加入一些与刚开始训练时不同的要素,比如使用激光笔或者其他标志物确定一个踢冰点,攀爬者只能把冰爪刺入该位置,手的挥镐点不作规定,反之脚的踢冰位置不作规定,规定手部挥镐点位置,或规定手脚点来增加难度。训练方式可在攀冰指导员结合实际情况下进行灵活调整。

3. 持镐锁定练习

在练习过程中寻找一块合适的冰壁或者可进行攀冰练习的训练工具。身体姿态为两镐同时固定在物体上,两镐之间的距离一般略比肩宽,该距离可根据训练的目的而变化,双脚同样固定在物体上,双臂的姿势由原来的保持打直变为屈臂一定角度,在该动作下保持一定的时间(攀冰指导员需要根据学员的训练状况去恒定与变换负荷时间),间歇时间为 1~2min,训练组数为 4~5 组。在训练中如果需要增加训练难度,可以双脚悬空锁定,负荷时间与间歇时间及训练组数可减少或增加。

4. 持镐引体向上

持镐引体向上与一般引体的动作基本相似,简单的版本为脚置于一物体上,然后去进行引体练习。较难的版本是脚部悬空进行引体练习。在训练过程中保持背部肌肉发力、腹部肌肉紧张,控制住核心力量,减少身体内外的摆动,发力方向为竖直向上。如果面对攀冰新人,可安排一人在训练者身后进行辅助,从而使得训练者建立正确的训练姿势并且能够完成训练任务。

综上所述,攀冰训练的手段是多种多样,面对不同的攀冰学员,攀冰指导员需要把握好训练时间、难度、负荷、间歇时间等基本要素。同时,在训练过程中需要注意练习的循序渐进,在科学、合理、系统的训练计划之下有的放矢地提高学员攀爬能力。

攀冰运动训练是体能训练与专项技能训练相互结合的一个过程,通俗来说,体能训练是通过走跑跳爬等方式为攀冰建立良好的运动基础;专项技能训练则是不断提高攀爬水平的重要手段。需要指出的是,在攀冰训练实践过程中,攀冰指导员需要把握好两者之间的度,处理好两者的关系。

☆本章小结☆

攀冰运动是一项令人兴奋,充满挑战的户外运动项目,需要身体的力量、耐力和技巧。通过攀登冰壁,我们可以体验到与众不同的刺激感和成就感。攀冰运动需要具备良好的体能和身体素质。训练中需要进行有氧运动,以提高心肺功能和耐力。同时进行负重训练,增强肌肉力量。这些训练可以帮助我们在攀冰过程中保持稳定和持久的能力。技巧是攀冰运动中至关重要的一部分,攀爬者需要学习正确的攀登技巧和安全操作。可以在攀岩馆或户外攀岩场进行攀爬训练，熟悉不同类型的岩壁和攀爬路线。同时，学习正确的安全操作，如连接保护绳、使用攀爬装备等，以确保自身安全。攀冰运动也需要良好的平衡能力和灵活性，如可以进行平衡训练，以提高平衡能力；进行伸展和柔韧性训练，增加身体的灵活性。这些训练可以帮助我们在攀冰过程中更好地掌握平衡和调整身体姿势。

攀冰运动是一项需要经验和技巧的运动，我们需要不断练习和实践，选择与能力相匹配的攀爬路线，循序渐进地提升难度。在实践中学习如何应对不同的挑战和环境，提高自己的攀冰技能。总之，攀冰运动是一项充满乐趣和挑战的运动，通过适当的训练和实践，以提高自己的体能、技巧和安全意识，享受攀冰所带来的独特体验。

第七章　攀冰运动竞赛

攀冰竞赛是指竞赛组织按统一的规则组织与实施竞技较量,其直接目的是争取优胜。在保障安全的前提下,攀冰竞赛注重组织人员的严密关系和明确分工,遵循严肃、认真、公正、公平的原则,并按照竞赛规则进行组织。相比之下,攀冰活动则以休闲娱乐为目的,不受场地、形式、方法以及参与者水平的限制。

本章节从介绍攀冰竞赛的类型、级别、特点与意义等方面入手,重点讲解攀冰竞赛的组织与管理工作,为攀冰竞赛的组织与开展提供思路与指导。

第一节　攀冰竞赛概述

攀冰竞赛是指有计划、有组织地按照预定规程实施的竞技攀冰活动。攀冰竞赛的历史可以追溯到 1912 年,在意大利库马耶市的 Brenva 冰川举办了世界上第一次攀冰比赛。第一届国际攀冰世界杯于 2000 年由一家德国私人公司组织,沿用的是欧洲攀冰竞赛体系。2002 年后,国际登山联合会(Union International Alpine Associations,UIAA)正式成立国际攀冰委员会,此后国际攀冰委员会接管了国际世界杯比赛的组织工作,并且在意大利、奥地利、俄罗斯、加拿大等地的攀冰竞赛中应用 UIAA 规则。时至今日,攀冰竞赛规模日益扩大,每年举办多场世界杯比赛,UIAA 的攀冰竞赛体系一直沿用至今,并且在不断发展完善。

一、攀冰竞赛的类型与级别

攀冰竞赛根据规模和级别来划分,可以分为国际级、洲际级、国家级、省级、市级和县级。国际级赛事包括世界攀冰锦标赛、世界全能攀冰锦标赛、世界青年攀冰锦标赛、攀冰世界杯系列赛等。洲际级赛事包括各大洲攀冰锦标赛、各大洲全能攀冰锦标赛、各大洲青少年攀冰锦标赛等。国家级赛事包括全国攀冰锦标赛、全国青少年攀冰锦标赛、全国攀冰联赛或系列赛等。省级赛事包括各省攀冰锦标赛、各省青少年攀冰锦标赛等。市级赛事包括各市攀冰锦标赛、各市青少年攀冰锦标赛等。县级赛事包括各县攀冰锦标赛、各县青少年攀冰锦标赛等。

经 UIAA 正式认可的攀冰竞赛方式包括三种类型：难度赛、速度赛、攀冰抱石赛。

（1）难度赛：是以攀冰路线的难度来区分选手成绩优劣的攀冰比赛，可分为看攀、完攀和红点攀登。难度攀冰的比赛结果是以在规定的时间内到达的冰壁高度（如果是横跨，则按沿路线轴上的最大距离）来判定。比赛线路由定线员根据参赛选手水平设定，通常屋檐型难度较大。

（2）速度赛：如同田径比赛里的百米比赛，运动员按照指定的路线，进行两人一组或其他方式的速度竞技，以在最短时间内完成规定高度为胜者。

（3）攀冰抱石赛：又称为干攀，逐渐向着自由保护以及全无冰壁的攀登方式的发展趋势。线路可以设定，攀爬者可以使用干攀装备进行钩挂，在形式上，更接近于攀岩路线，根据攀爬难度进行竞赛。

二、攀冰竞赛的特点

1. 形式多样

根据活动主办单位、活动目的、场地资源与设备条件、活动参与人群等差异，攀冰赛事的开展形式多种多样。可以是由官方主办的正式大赛，也可以是由商业俱乐部主办的商业竞赛活动；可以是以竞技为目的的赛事，也可以是以宣传推广为目的的趣味赛事；可以是单段攀登，也可以是多段攀登；可以是位于自然环境中的自然冰壁赛，也可以是人工冰壁赛。

2. 人员构成复杂

攀冰竞赛的参赛人群构成复杂，参赛者来自各行各业，攀爬水平不一。可能是经验丰富的攀爬者，或是刚接触攀冰不久的新手，也可能是由攀岩运动转项或同时参与两项运动的攀爬者。此外，参与人群对攀冰运动的了解程度不同，赛事组织者应当对此有全面的考虑与准备。

3. 组织难度大

由于攀冰竞赛形式多样，参与人群较为复杂，场地设施要求严格，提高了活动组织的难度，对组织者的能力要求较高，对组织方的人力、财力、物力等提出了较高要求。

三、开展攀冰竞赛的意义

运动竞赛是体育活动的表现形式之一,种类繁多的攀冰竞赛其意义主要包括:

(1)提高攀冰运动竞技水平,检查训练效果,改进教学与训练工作。
(2)宣传攀冰运动,推动攀冰运动发展,提高民族素质。
(3)满足人民日益增长的文化生活需求。
(4)发展攀冰经济,促进攀冰产业和地方经济发展。
(5)增进国内与国际之间的交流,促进团结和友谊。

第二节 攀冰竞赛组织

举办攀冰竞赛需要耗费一定的人力、物力和财力,只有通过合理计划、科学统筹、精心组织、有效管理、准确实施以及各方协调才能确保赛事的顺利进行。

一、攀冰竞赛组织方案

无论是何种形式、层次的攀冰竞赛,都必须在赛前制订出完备的竞赛组织工作方案,主要由指导思想、组织机构和实施方案三部分构成。

1. 指导思想

明确举办攀冰赛事的性质、目的、意义,使赛事成为促进当地社会文化、经济发展的重要途径。

2. 组织机构

组织委员会。根据需要设立办事机构,由有关领导和相关职能部门负责人组成,通常由赛事主办单位、承办单位的相关领导以及相关负责人组成。赛事组织委员会全面领导攀冰竞赛各项工作,是攀冰竞赛的最高机构。

竞赛委员会。组织和举办攀冰竞赛是一项既复杂又细致的工作,为了便于统一管理,必须建立一个完整的竞赛组织机构,其构成和组织规模要根据实际情况来定。竞赛委员会通常在组织委员会的领导下,建立多个小组开展工作,各组在统一领导下,协调一致,密切配合,积极完成竞赛的各项筹备工作。

(1)竞赛组:攀冰竞赛的核心小组,主要负责与赛事技术相关的工作,包括竞赛规程的制定与印发、报名接待与资格审查、秩序册编排、线路制定、竞赛成绩管理与公布等。

(2)宣传组:做好赛事宣传和新闻报道,开/闭幕式的组织,媒体协调与沟通等工作。

(3)安保组:提前制订竞赛的安全预案,竞赛过程中控制赛场秩序,保障赛场与住地安全,维护赛场及周边交通秩序,及时应对突发事件,保证人员安全,确保竞赛顺利完成。

(4)后勤组:负责竞赛器材的存储维护、发放与回收,以及活动相关物资的储备,负责赛事相关人员的住宿、餐饮、交通、财务管理、医疗等服务,保障场地的物品采买、环境卫生、医疗救护等方面的工作。

3. 实施方案

攀冰竞赛的实施方案一般包括以下内容。

(1)竞赛名称。

(2)竞赛时间。

(3)竞赛地点。

(4)竞赛项目及比赛办法。

(5)录取名次及奖励办法。

(6)竞赛规模。

(7)经费预算。

(8)工作流程。

二、攀冰竞赛规程

攀冰竞赛规程是赛事中最重要的文件,对于整个竞赛工作起到重要的规范和指导作用。竞赛规程应由竞赛组织机构起草拟定,经组委会研究审定后发放给各参赛单位和有关部门。攀冰竞赛规程一般应包含以下内容。

(1)竞赛名称。

(2)主办单位。

(3)承办单位。

(4)协办单位。

(5)竞赛时间。

(6)竞赛地点。

(7)竞赛项目:根据赛事性质、规模、承办地条件而定。

(8)竞赛组别:根据赛事性质、规模、承办地条件与参赛运动员特点而定。

(9)参赛单位:符合报名条件的群体、组织或单位。

(10)报名办法:参赛单位报名人数限定、报名表填写注意事项、报名截止日期等。

(11)竞赛办法:单项与轮次。

(12)名次录取与奖励办法,各单项、各轮次录取名额,项目奖励方式。

(13)报到及交通:运动员及教练团队、裁判员、工作人员等比赛相关人员的报到时间、地点、联系人及其联系方式,通常会说明可抵达报到地点的具体交通方式。

(14)比赛场地及器材:赛事举办方可提供的场地与器材,需要运动员自备的装备和器材。

(15)裁判员队伍和仲裁机构:明确裁判员队伍和仲裁机构的组成、人数、等级等。

三、攀冰运动竞赛的赛前工作

赛前工作是竞赛能否顺利开展的关键,赛前准备工作细致而繁琐,忽视或遗漏任何细节问题都可能阻碍竞赛的顺利进行,认真做好赛前的各项准备工作是攀冰竞赛组委会的首要工作。

(1)赛事申请和审批,举办正式的攀冰竞赛应当向当地体育行政主管部门提出申请,如果申办赛事的级别超出当地主管部门的审批范畴,则由当地主管部门向更高级别体育行政主管部门提出申请,获得审批后,方可开始竞赛前的各项准备工作。

(2)成立竞赛组织机构,具体工作交由各小组分别负责。

(3)确定竞赛场地,选址应从交通便利性、影响力、线路丰富性等多方面综合考虑,如需承建竞赛场地应提前申报冰壁设计方案,经赛事主办单位同意后,尽早开工建设,确保竞赛如期进行。

(4)竞赛文件包括竞赛规程、秩序册、报名表、竞赛指南等,应当根据竞赛需要及时完成竞赛文件的制定工作,并根据文件要求,积极落实推进竞赛各项工作。

(5)报名处理,接受报名并解答相关问题,制定竞赛期间的餐饮、住宿、交通、安保、后勤保障等方案。

(6)准备竞赛所需器材,制裁与定线所需物资,落实奖牌、证书与奖品。
(7)配合定线员团队按时完成线路设置工作。

四、攀冰运动竞赛的赛中工作

赛中工作始于运动员报到,止于闭幕式结束,工作质量直接决定比赛是否成功。

(1)接待工作,及时合理安排各参赛队伍、随队人员、裁判队伍、工作人员、官员、记者等人员的餐饮、住宿、交通、票务及其他后勤服务工作。

(2)组织召开领队、教练员参加的技术会议。介绍竞赛概况、竞赛日程、竞赛规程、场地线路情况及其他注意事项,并回答提问。另外,发布竞赛出场名单、发放号码簿等。

(3)组织召开裁判员与工作人员的工作会议。介绍竞赛基本情况,提出统一要求,明确裁判员、工作人员的具体职责与分工。

(4)组织召开新闻媒体参加的新闻通报会议。向新闻媒体单位介绍竞赛准备情况,发布新闻通稿,安排竞赛新闻发布人,及时发布每天最新的竞赛信息。

(5)组织竞赛开幕式,并邀请组委会的相关人员参加开幕式。

(6)依照竞赛日程,组织和安排每天的竞赛,判定、公布竞赛成绩。仲裁委员会接受参赛队针对竞赛成绩和公布成绩的诉讼,处理竞赛过程中发生的其他问题。

(7)组织闭幕式及颁奖仪式,宣读竞赛成绩和名次,获奖运动员须按照竞赛规程规定出席颁奖仪式。

五、攀冰运动竞赛的赛后工作

(1)竞赛单元结束后,经裁判长签字的各项目成绩汇总成册,向各参赛单位、媒体和有关单位发布。

(2)赛事承办单位应将媒体报道收集、整理后汇编成册,发给赞助企业及相关单位。

(3)赛事主办、承办单位应本着实事求是的原则,认真总结竞赛的得失,并以总结或报告的形式向上级有关部门汇报。

第三节　攀冰竞赛管理

攀冰竞赛管理是指根据赛事级别和规模,结合赛事承办地具体条件和情况,规划、制订合理的赛事方案,按照方案要求安排和落实竞赛的各项工作,并根据竞赛规程和规则实施攀冰赛事,通过总结比赛得失,进而改进工作中存在的不足。攀冰赛事管理包含了赛事行政管理和赛事经营管理。随着攀冰运动的发展,赛事经营管理的重要作用逐渐凸显。同时,由于攀冰运动的项目特点,攀冰赛事的风险管理也应高度重视。

一、攀冰运动竞赛过程管理

攀冰是一项具有危险性的运动,举办竞赛:首先,要保证参赛运动员、裁判员、工作人员及其他参与人员的人身安全,要根据攀冰运动的特点和客观规律安排竞赛;其次,应在认真考察赛事承办地具体情况和充分论证可行性的基础上,制订周密、合理的赛事规划,为竞赛的组织和竞赛工作的顺利进行铺平道路。制订攀冰赛事规划有以下几个要点。

(1)应根据赛事主办方、承办方及协办方的条件、办赛能力,承办地条件,提出赛事可行性方案及初步规划。

(2)负责竞赛工作的人员,对承办地点进行实地考察,充分考虑竞赛地点的位置、面积、硬件设施、交通等因素,做出客观、公正的评估,并与承办方协商并最终确定竞赛地点。

(3)参考赛事承办地近十年的天气记录,并征求当地气象部门意见,确定赛事举办日期,尽可能减小风险、规避风险,确保赛事安全、圆满地进行。同时在攀冰竞赛中随时关注天气变化情况。

(4)成立赛事组织委员会,下设若干工作组,根据每个小组的具体分工,制订详细的工作进度时间表,并责成小组负责人定期向组委会汇报工作进展情况。

(5)与赛事相关政府部门、企事业单位充分沟通,协调解决与竞赛准备工作中存在的问题。

(6)针对可能在竞赛中出现的意外事件制订相应预案,把意外情况带来的损失或对竞赛的影响减至最低程度。如遭遇大风、雷雨等恶劣天气,或不可预测的非人为重大自然灾害,如洪水、地震、疫情等,赛事组委会应做好应急预案。

(7)编制、分发赛事责任领导和相关工作人员的通讯录。

二、攀冰运动竞赛风险管理

1. 攀冰运动竞赛风险管理的概念及风险类型

风险是指具有不确定性的事件或情况,一旦发生就会对目标产生积极的或消极的影响,从而给主体造成偏离目标或预期的可能性。对攀冰赛事进行风险管理的目的是通过对赛事风险的衡量和评估,利用合理的技术和法律手段,对风险加以管控,按照原因划分为以下三种类型。

(1)自然因素造成各种损失的可能性。因水灾、暴雨、地震等非人为重大自然灾害给赛事造成的各种损失和影响,包括场地、设施、器材等的破坏,赛事中断、延误、取消而引起的损失与影响。

(2)非过失性公共责任赔偿的可能性。属于人为因素造成的损失,包括使用存在设计缺陷的比赛岩壁,或不合格器材导致的人身伤害事故和赔偿。

(3)过失性公共责任赔偿的可能性。主要指由于赛事组织者管理不善造成的人身伤害事故的责任赔偿。例如,对竞赛场地器材维护或使用不当造成的人身伤害事故和赔偿等。赛事组织者对工作人员未进行有效的培训,内部缺乏有效的监督管理等均属于管理不善,赛事的负责领导和相关责任人都应承担相应过失责任。

2. 攀冰运动竞赛风险控制方法

在了解举办攀冰赛事可能遇到的各种风险后,根据赛事的具体情况,制订相应的赛事风险控制计划。在制订计划时,赛事主办方首先应分析和评估赛事风险,通过研究以往事故的调查报告,咨询有经验的攀冰竞赛专家和当地负责竞赛工作的人员,并广泛听取相关人员的建议和意见,最终确定比赛面临的各种风险因素。攀冰赛事风险控制的方法与其他体育赛事风险控制类似,主要分为以下三种。

(1)风险回避。攀冰赛事的组织者在赛前分析后,若发现存在重大安全隐患,并且组织者也无法承担相关事故责任,则应该主动取消比赛,或更改比赛时间或地点。例如,户外攀冰场地进行的比赛遭遇暴雨、飓风等极端恶劣天气。

(2)风险转移。通过保险或合同的方式,将风险转嫁到第三方或与其他合同单位共同承担。这是攀冰竞赛中常用的一种风险控制方法,如通常会为竞赛购买"公共组织责任险",为运动员购买"个人险"。

(3)降低风险。降低风险是组织者进行风险控制的主要手段和方法。组织者通过对攀冰赛事风险的评估和论证,对风险的存在有充分的认识,采取必要的预防和管理手段,以降低风险发生的概率,从而减少伤亡事故的发生及其造成的影响和损失。通常采取的措施是对工作人员进行安全教育和培训,避开存在危险性的冰壁,控制竞赛现场秩序等。

3. 攀冰运动竞赛风险控制的管理与实施

对攀冰赛事风险控制进行有效管理,应由富有经验的竞赛技术人员、竞赛管理人员成立风险管理委员会或风险管理指导小组。针对赛事提出风险控制方案,制定风险控制管理制度,并根据方案所涉及的内容同组委会各工作小组或有关部门交流、沟通和协调,加强对风险控制工作的统一认识,责任到人,每个人都应把安全问题作为赛事工作的头等大事对待。赛事风险管理委员会应就风险管理控制的实施与赛事组织人员进行沟通和协调。每个与赛事有关的小组和个人,都应对担负的风险有充分的了解和认识。只有每个赛事参与者对风险的高度重视和对工作的责任感,才能确保赛事工作的顺利、安全地实施。总之,赛事风险控制与每个赛事参与者都息息相关。

第四节 攀冰竞赛规则

竞赛规则是为保证运动竞赛正常进行、维护良好的竞赛秩序而制定的统一规范和准则。内容包括裁判员职责,竞赛的组织和方法,评定成绩和名次的方法,以及有关场地设备和器材的规格等。攀冰竞赛共分为三个单项:难度赛、速度赛和攀冰抱石赛,每一单项都有各自的组织与成绩评定方法。本节依据国际登山联合会于2020年发布的攀冰竞赛规则,对难度赛和速度赛规则进行介绍,由于世界各地都极少开展攀冰抱石赛,在本节中暂不对其进行介绍。

一、难度赛项目规则

1. 介绍

难度赛是指运动员攀爬具有一定难度的攀冰线路,根据攀爬高度来区分运动员成绩的攀冰比赛。运动员攀爬的冰壁必须按照 UIAA 关于攀爬结构的规定进行构造,赛事组织者应经由 UIAA 委员会批准,任命定线员团队。难度赛采用先锋攀登方式进行攀登,残疾人比赛中采用顶绳保护方式进行攀登。难度赛分为预赛、半决赛和决赛。

2. 出场顺序和名额

(1)预赛。预赛应有两条不相同的线路,这两条线路应具有相似的难度和特征。在两条独立线路上进行的预赛,应随机将运动员分配到两条线路中,两组运动员数量相等,在集体完成第一条线路后交换线路。积分排名前 10 的运动员应在两组之间平均分配,来自同一参赛单位的多名运动员也应在两组之间平均分配。运动员出场顺序随机,但应保证运动员在两条线路上的出场顺序一致。

(2)半决赛和决赛。可参加半决赛和决赛的运动员固定名额分别为 18 人和 8 人。按照运动员在预赛轮的成绩排名倒序出场,即排名最好的运动员最后出场,若选手间存在并列名次,按如下方式进行:①并列运动员都有世界排名时,依照世界排名倒序出场;②并列运动员都没有世界排名或世界排名并列时,随机出场;③有世界排名的运动员和没有世界排名的运动员并列时,有世界排名的运动员后出场。

3. 攀登程序

(1)每条线路都有固定的攀爬时间,在此期间运动员可以进行线路攀爬。

(2)当运动员全身离开地面时将被视为开始攀爬尝试。

(3)在攀爬过程中需注意:①运动员必须按照顺序依次将绳子扣入保护点;②运动员可以在任何时候解开最后一个已扣入的保护点并重新扣入绳子;③只要不违反规则,运动员可以在比赛过程中随时向下攀爬;④如果项目裁判认为运动员继续攀爬将违反安全规定,可以命令终止攀登并测量高度。

4. 评分和排名

(1)运动员获得的分值为运动员在攀登过程中达到的最远点对应分值。细则如下:

①当运动员脱落时两支冰镐分别处于不同区域时,以较低区域的分值为准,但得分给出加 0.000 2 分;

②如果运动员接触支点或没有控制住支点就脱落,得分给出加 0.000 1 分;

③如果运动员在脱落前向下打镐,则其分数为高度较高的冰镐所在位置对应分值;

④当多名运动员登顶同一线路时,完成攀登用时较短的运动员排名在前。

(2)当仅有一条比赛线路时,依照运动员的高度分值进行排名。当比赛线路有两条时,总积分=线路 1 排名×线路 2 排名,依照总积分进行排名。当运动员在预赛轮高度相同时,计算每人依次所占名次的平均数作为积分,如 5 名运动员排名第一,这 5 名运动员的排名为(1+2+3+4+5)/5=3,5 人均为 3 分。在半决赛和决赛轮次排名相同时,追溯上一轮排名,追溯上一轮成绩依然并列则认定两人并列排名。仅决赛前 3 名无法区分成绩时比较决赛线路攀爬用时,用时短者排名靠前。

二、速度赛项目规则

1. 介绍

速度赛是指运动员以最快速度攀爬一定高度的线路,以攀爬时间区分运动员成绩的比赛。所有速度比赛均要求采用顶绳攀登方式进行,当运动员按照规则攀登并使计时装置停止,视为成功完成攀爬线路。速度赛分为预赛和决赛,决赛又分为1/8决赛、1/4决赛、1/2决赛、小决赛(季军)和大决赛(冠亚军),如图7-1所示。

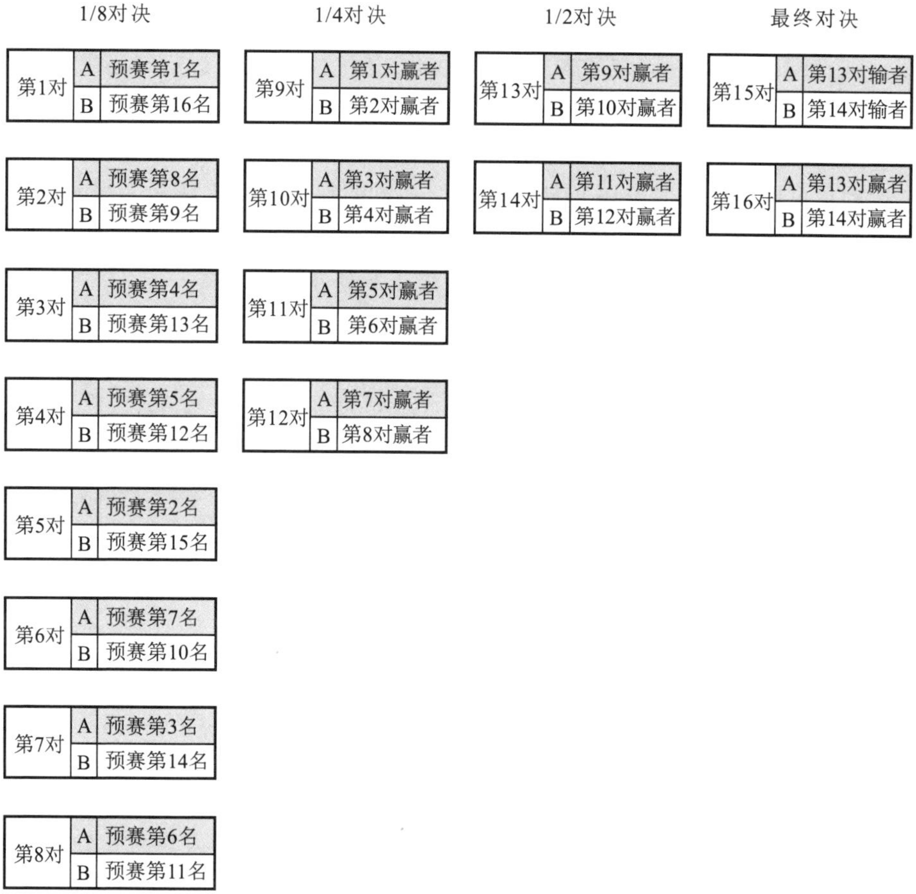

1/8对决			1/4对决			1/2对决			最终对决		
第1对	A	预赛第1名	第9对	A	第1对赢者	第13对	A	第9对赢者	第15对	A	第13对输者
	B	预赛第16名		B	第2对赢者		B	第10对赢者		B	第14对输者
第2对	A	预赛第8名	第10对	A	第3对赢者	第14对	A	第11对赢者	第16对	A	第13对赢者
	B	预赛第9名		B	第4对赢者		B	第12对赢者		B	第14对赢者
第3对	A	预赛第4名	第11对	A	第5对赢者						
	B	预赛第13名		B	第6对赢者						
第4对	A	预赛第5名	第12对	A	第7对赢者						
	B	预赛第12名		B	第8对赢者						
第5对	A	预赛第2名									
	B	预赛第15名									
第6对	A	预赛第7名									
	B	预赛第10名									
第7对	A	预赛第3名									
	B	预赛第14名									
第8对	A	预赛第6名									
	B	预赛第11名									

图7-1 决赛对阵图(16人进决赛)

2. 出场顺序和名额

(1)预赛不限制名额,依照如下方式决定出场顺序。

A 道:随即编排

B 道:依照与 A 道相同的顺序,错开 50% 进行编排。

(2)决赛名额为 16 人,随着决赛轮次递减至 8 人、4 人、4 人。决赛出场顺序由上一轮次排名决定。

3. 攀登程序

(1)在比赛开始前,运动员在每条线路上至少有一次赛道练习的机会,出现抢跑时不中断练习。

(2)在裁判宣布比赛开始前,运动员应在开始位置上放置一只脚,至少一只脚(冰爪)和一只手(冰镐)接触冰面。

(3)当运动员就位后,发令员应发出口令"Ready",在确认运动员准备完毕后,发令员发出口令"Attention",在短暂停顿后(1~2s),发令员应给予口令"Go"后开始攀登。

☆本章小结☆

(1)攀冰运动竞赛的开展需要消耗一定的人力、物力、财力,同时也需要各个部门的联合才能保证赛事的顺利进行,尤其是主办方的工作,需要对整个赛事的走向进行预估,保障赛事取得成功,同时需要制订一个科学、合理的计划表和风险对策方案,防止意外的发生。攀冰竞赛总共分为难度赛、速度赛和攀冰抱石赛三个单项,每个竞赛都有不同的竞赛规则和竞赛流程,在成绩评定方面应做到公平、公正、公开、透明,给各位参赛选手营造一个良好、健康的比赛环境。

(2)保障安全是开展攀冰竞赛的首要前提。对于攀冰这种户外运动来说,安全隐患是最大的风险,也是最难控制的。首先,要保证比赛场地的安全,为参赛选手提供场地安全,其次,对参赛选手进行赛前检查,保障个人安全,最后,及时配备医疗人员,以防出现选手受伤时可以及时得到治疗处理。

第八章 常见攀冰运动损伤的预防与处理

本章节主要介绍攀冰运动损伤概述、常见的攀冰运动损伤与处理以及攀冰运动损伤的预防。使练习者了解攀冰运动损伤分类,导致攀冰运动损伤主要原因,常见攀冰运动损伤病因、症状及处理。以此,加强对攀冰运动损伤的认识,在攀冰的学习、训练、比赛中做好损伤预防,并通过改进攀冰运动训练方法和技术动作,减少攀冰运动带来的损伤。

第一节 攀冰运动损伤概述

攀冰运动普遍被定义为一项具有高受伤风险的运动。在攀冰运动过程中发生的各种损伤,称为攀冰运动损伤,其损伤部位与攀冰运动项目及其技术特点有关。了解攀冰运动损伤的发生原因、治疗方法、康复方法、预防措施,对防止损伤发生,加快损伤修复和康复,改进训练方法和技术动作,对提高练习者身心健康水平具有重要意义。

一、攀冰运动损伤的分类

运动损伤分类有很多种,可以根据损伤组织结构、损伤轻重程度、损伤性质、损伤病程等进行分类。常用的攀冰运动损伤分类主要有以下几种。如表 8-1。

1. 按组织损伤分类

(1)骨与关节损伤:主要包括四肢骨折、颅骨骨折、脊柱骨折、关节脱位等。

(2)软组织损伤:肌肉韧带的损伤及撕裂挫伤、肌肉肌腱损伤、滑囊损伤、关节囊和韧带损伤。

表 8-1 攀冰运动损伤分类

分类	具体类型
按组织损伤	骨与关节损伤
	软组织损伤
	脏器损伤
	神经损伤
按部位损伤	上肢损伤、下肢损伤、髋部损伤、膝部损伤、踝部损伤、腰部损伤、头部损伤
按有无创口与外界相通	开放性损伤和闭合性损伤
按发病的缓急	急性损伤和慢性损伤

(3)脏器损伤:脑震荡、内脏破裂、冻伤等。

(4)神经损伤:神经的运动损伤通常发生在神经末梢,会引发痛觉、知觉或运动障碍。最常见的神经损伤如腰椎间盘突出所引起的脊髓神经根压迫伤害。另外,神经损伤造成的肌肉萎缩、半月板破损,即使经过正规治疗,也很难恢复到受伤前的水平。

2. 按部位损伤分类

攀冰运动损伤按损伤部位分类可分为上肢损伤、下肢损伤、髋部损伤、膝部损伤、踝部损伤、腰部损伤、头部损伤等。

3. 按有无创口与外界相通分类

攀冰运动损伤可分为开放性损伤和闭合性损伤两种。

(1)开放性损伤是指伤部皮肤或黏膜破裂,创口与外界相通,有组织液渗出或血液自伤口流出的损伤,如擦伤、刺伤等。

(2)闭合性损伤则指伤部皮肤或黏膜完整,无创口与外界相通,损伤后的出血积聚在组织内,如关节韧带扭伤、肌肉拉伤等。

4. 按发病的缓急分类

攀冰运动损伤按发病的缓急分类可将运动损伤分为急性损伤和慢性损伤。

(1)急性损伤:是瞬间遭受直接或间接暴力而造成的称为急性损伤,其特征是发病急,病程短,症状骤起。

(2)慢性损伤:是因局部长期负担过重,反复微细损伤积累而成,称慢性损伤,其特征为发病缓慢,症状渐起,病程较长。此外,还可因急性损伤处理不当或过早运动而转为慢性损伤。

二、攀冰运动损伤发生的原因

攀冰运动是在冰壁上借助攀登装备进行攀爬的一项运动,造成攀冰运动损伤的原因有多种,我们不仅需要考虑到攀冰运动损伤的外部危险因素,如地形、环境、天气等;还应考虑可能导致攀冰运动损伤的内部因素,如攀爬者、保护员的不当操作,以及随着时间推移损伤的出现。

(一)内部因素

1. 准备活动、放松活动不充分

准备活动的目的是提高中枢神经系统兴奋性,增强身体各个器官系统的代谢水平,使人从相对静止的状态过渡到活动的状态。不做准备活动、准备活动不充分、准备活动的内容与运动内容不相符、准备活动的量过大或准备活动距正式运动的时间过长,都容易造成运动损伤。

整理活动是训练过程中不可分割的组成部分,大多数攀爬者由于习惯性因素,把准备活动包括在训练之中,但是常常忽略运动后的放松活动。放松活动不仅对训练效果起到积极的恢复作用,而且对快速消除运动疲劳也有良好的效果,如攀爬后的按摩放松,能在一定程度上减少攀冰运动中肘关节、肩膀、手指等损伤,所以必须像重视准备活动一样重视放松活动。

2. 技术动作错误

攀冰运动中包含有许多复杂且高难度的动作,攀冰运动技术动作违反人体结构功能的特点或运动时技术动作违反生物力学原理时,就容易造成运动损伤,这是初次参加攀冰运动的人或者学习新的技术动作时发生损伤的主要原因。

3. 身体功能和精神状态不佳

在休息不好、患病受伤、伤病初愈或身体疲劳时,肌肉力量、动作的准确性和身体的协调性都会下降,警觉性和注意力会减弱。攀冰过程中由于高空的恐惧、犹豫或者过度紧张等原因使得攀爬者产生过大的精神压力导致身体紧张,肌肉收缩,从而引起运动损伤。

4. 思想懈怠

攀冰运动损伤的发生经常与攀冰指导员和练习者对预防运动损伤的意义及

预防知识了解的不足有关,发生运动损伤后,若不认真分析原因,汲取教训,则会导致运动损伤时有发生。

5. 运动负荷过大

攀冰运动是一项高强度的有氧运动,容易使人过度疲劳。安排运动负荷时,需要遵循循序渐进、系统性和个别对待原则,若没有充分考虑练习者的体能状况,或运动负荷超过了练习者承受范围,尤其是局部承受的负荷过大,也很容易引起运动损伤。

（二）外部因素

外部因素主要是天气因素。

在每次攀登前都要检查攀登环境和冰壁状况。攀冰不宜选择冰太脆的地段,太脆的冰容易断裂。好的冰质表面冰层可能会稍稍发软,里层较硬,冰镐敲击冰面不易断碎。

天气对攀冰的影响至关重要。冰具有热胀冷缩的特点,经缓慢冷却形成的冰可以自适应机械应力并发生塑性变形,也被称为韧性,然而急剧冷却所产生的机械应力可直接导致破裂或扩大入镐处的裂缝,因此冰也具有脆性,稳定维持在0℃左右的气温环境(白天稍暖,夜间无急剧降低),这样的冰才具有韧性,这是理想的攀冰环境。长时间保持0℃以上较温暖的气温,包括夜晚冰壁与岩壁间会产生流水,这将造成冰壁与岩壁的分离,这样的情况并不适合攀冰。急剧降温并紧随着一段时间的严寒天气,这会导致强烈的热收缩,使冰变得易碎,冰镐的冲击力导致了裂缝的扩散,并有可能因攀爬者重力引起冰壁崩塌。此外,由于收缩,一条独立的冰立柱会变短,这对整体结构将造成强大的垂直机械应力。因此,这样的情况下,存在着非常大的崩塌风险。连续多日降温并紧随着一段时间的回暖,也会使冰况处于易碎状态,攀爬者挥镐的冲击将导致冰壁破裂。除了温度之外,其他因素如湿度、太阳照射、雨水和风对冰的质量和稳定性都有着重要的影响。

除了一些人工浇筑的冰壁外,攀冰运动一般选在深山峡谷中,野外攀冰中经常会遇到下雨、下雪、大风等恶劣天气。在这些恶劣因素影响下会大大增加发生扭伤、擦伤、拉伤等损伤风险。

（三）装备因素

攀冰运动需要借助许多装备,除了手套、登山鞋、羽绒服、安全带、头盔等个人穿戴防护装备外,攀冰所用的冰爪、冰镐、冰锥等技术装备都十分锋利,野蛮使用会造成装备自身的损坏,使用和保养不当也可能对人员、其他装备和服装等造成伤害。

第二节 常见的攀冰运动损伤与处理

攀冰是登山运动中的派生的一项运动,攀岩、攀冰和冰岩混合攀登是登山运动中的几种表现形式。攀冰因其惊险性,在国外也称为"勇敢者的运动"。因此,攀冰运动损伤除出现攀岩运动常见的损伤之外还会出现其他类型的运动损伤。

一、冻伤

冻伤是机体的某一部分组织因寒冷侵袭而出现血液循环障碍、水肿、起泡、坏死等局部损害的症状群。

1. 病因及损伤机制

冻伤之初,人体为了调节产热与散热之间的动态平衡,主要表现为产热增加和散热减少。产热增加的主要表现为肌肉紧张度增加,随之出现寒颤,使代谢增加。在受冻之初,各项生理功能均趋亢进,如代谢增加,心跳加快,血管舒缩交替等。如寒冷持续过久,则出现抑制,从而代谢降低,心跳减慢,导致中心体温降低。此后皮肤及肢端血管出现持续性收缩,皮肤和肢体末端组织就可能发生冻结。当组织温度降至冰点(皮肤冻结温度为-5℃)以下时,就会开始发生冻结。冻结分为速冻与缓冻。

(1)速冻:接触温度很低的金属,可以立即造成接触部位的皮肤冻结,如在户外的攀冰场地接触冰镐、冰锥、主锁等金属装备。如未能及时脱离接触,冻结组织可以迅速加深,严重者皮肤冻结在寒冷的固体上,强行脱离,可造成撕脱伤。

(2)缓冻:在攀冰运动中,常见的冻伤发病过程均属于缓冻,首先使细胞外液的水分形成晶体(冰核),随着时间的延长,冰晶体逐渐增大。速冻时不仅细胞外液冻结,同时细胞内液也冻结,但形成的冰晶体一般较缓冻时小。因此,缓冻对组织损伤过程主要与细胞外的渗透压改变有关。当外界温度低于组织冰点时,细胞外液中的水分形成冰晶体,电解质浓度(主要是钠离子)和渗透压升高,细胞水分向细胞外大量渗出(有人研究,细胞失水达78%时,即可造成细胞的损伤,而在冻伤时,失水程度可达85%~90%),使组织脱水,蛋白质变性,酶活性降低,细胞发生皱缩,造成细胞内能量代谢物质的耗竭和丢失,从而使细胞线粒体的呼吸率下降,造成大量中间产物的堆积。这是受冻组织死亡的主要原因。此外,研究表明,由于细胞外液冰晶体的不断增大,对组织细胞产生机械作用,使细胞间桥断裂或细胞膜破裂,细胞内容物外溢,也是造成细胞死亡的重要原因。由于损伤系在组织冻结时造成,通常称为原发性损伤。复温融化阶段,在复温后,如系表部的组织冻结,局部只呈现一般炎性反应,而无严重组织坏死,一般在1~2周后痊愈;如系深部组织发生冻结,不仅电解质紊乱和代谢障碍依然存在,而且出现局部微循环障碍。这是由于复温后冻区的血流暂时恢复,血管扩张,而冻结阶段血管壁已被损伤(内皮细胞对寒冷极为敏感)甚至破裂,故毛细血管通透性和渗出增加,局部出现水肿和水疱,继而出现血流减慢和血液凝固,血液有形成分堆积,以至血栓形成。此种复温后的改变称为冻溶性损伤或继发性损伤。根据实验观察,组织复温融化后 10min,就可出现微循环的闭塞现象。24 小时在小动脉、小静脉内有明显的血栓,3~4 天发展成弥散性血栓形成,导致组织坏死。故有人认为,在一定条件下,冻伤组织的 40% 是原发性损伤,60% 是由于循环恢复后继发的损伤。因此,复温的方法对减少组织损伤有重要关系。

2. 症状

局部冻伤的临床表现可分为反应前期(前驱期)、反应期(炎症期)和反应后期(恢复期)。

(1)反应前期是指冻伤后至复温融化前的一个阶段,其主要临床表现有受冻部位冰凉,苍白、坚硬、感觉麻木或丧失。由于局部处于冻结状态,其损伤范围和程度往往难以判定。

(2)反应期包括复温融化和复温融化后的阶段。冻伤损伤范围和程度,随复温后逐渐明显。冻伤的严重程度可分为三度分类法,其临床表现见表 8-2。

表 8-2 冻伤程度分类法

损伤程度	损伤位置	症状
一度	表皮层	局部皮肤发红、肿胀、刺痛、灼痛等
二度	真皮层	复温后 12~24 小时出现多为浆液性澄黄色或透明,水疱底呈鲜红色水疱,局部疼痛剧烈,但感觉迟钝,对针刺,冷、热感觉消失

续表 8-2

损伤程度	损伤位置	症状
三度	皮肤全层,皮下组织甚至肌肉,骨骼	显著的水肿和水疱,疱液为鲜红色或咖啡色,疱底呈灰白色或污秽色。皮肤为青紫色、灰白色、苍白色甚至紫黑色,指(趾)甲床呈灰黑色如无继发感染,局部变干、缩小,呈干性坏死;继发感染,坏死组织产生恶臭分泌物,呈湿性坏死

3. 处理

(1)急救和治疗原则:①迅速脱离寒冷环境,防止继续受冻伤伤害;②尽早快速复温;③局部涂敷冻伤膏;④改善局部微循环;⑤抗休克、抗感染和保暖;⑥应内服活血化瘀等药物;⑦二、三度冻伤未能分清者按三度冻伤治疗;⑧冻伤的手术处理,应尽量减少伤残,最大限度地保留尚有存活能力的肢体部位。

(2)快速复温:尽快使伤员脱离寒冷环境后,如有条件,应立即进行温水(40℃左右)快速复温,复温后在充分保暖后送医治疗。如无快速复温条件,应尽早送医,运送途中应注意保暖,防止二次伤害。到达医院后应立即进行温水快速复温。特别对于救治仍处于冻结状态的二、三度冻伤,快速复温是效果显著且关键的措施。救治时严禁用火烤、雪搓,冷水浸泡或猛力捶打患部。

(3)改善局部微循环:三度冻伤初期可应用低分子(分子量 40 000 以下)右旋糖酐,静脉点滴,逐日给药 500~1000mL,维持 7~10 天,以降低血液黏稠度,改善微循环。必要时也可采用抗凝剂(如肝素)或血管扩张剂(罂粟碱、苄胺唑啉等)。

(4)局部处理方法如下。

局部用药:复温后局部立即涂敷冻伤外用药膏,可适当涂厚,指(趾)间均需涂敷,并用无菌敷料包扎,每日换药 1~2 次,面积小的一、二度冻伤,可不包扎,但注意保暖。

水疱的处理:应在无菌条件下抽出水疱液,如果水疱较大,也可低位切口引流。

感染创面和坏死痂皮的处理:感染创面应及时引流,防止痂下积脓,对坏死痂皮应及时蚕食脱痂。

坏死痂皮的处理:肉芽创面新鲜后尽早植皮,消灭创面。早期皮肤坏死形成干痂后,对于深部组织情况往往不易判断,有时看起来肢端已经坏死,但脱痂后露出肉芽创面(表明深部组织未坏死),经植皮后痊愈。因此,对冻伤后截肢应持谨慎态度,一般认其自行分离脱落,尽量保留有活力的组织,必要时可进行动脉造影,以了解肢端血液循环情况。

中医中药治疗:应着重温经通络,活血化瘀。

预防感染严重冻伤:应口服或注射抗生素,常规进行破伤风预防注射。

二、浅表割裂伤

1. 病因及损伤机制

浅表割裂伤是锐器作用于人体所致的软组织损伤。在攀冰中常见的锐器有冰镐、冰爪等。所造成的切口往往为线性或唇状,伤口边缘较整齐,易伤及神经、血管及肌腱等重要组织。

2. 症状

伤口边缘一般比较平整,仅少数伤口的边缘组织破碎粗糙,出血较多,出血可呈渗溢状或涌溢状,个别固有小动脉破裂出血呈喷射状,伤口疼痛。伤及大血管时可有面色苍白、脉搏细弱等休克症状。四肢受伤如伴有重要神经损伤,则出现相应的运动及感觉丧失。肌腱断裂时,可有相应运动障碍。如伤及尿道,可能产生排尿异常症状。经过处理,伤口可止血和闭合,但局部组织发生炎症反应,故有轻度疼痛和红肿。如果并发感染,局部的红肿和疼痛加重,或伴有发热等;继而伤口有化脓性病变,不能顺利愈合。

3. 处理

伤口不深,只是划破皮肤少量出血,消毒后用创可贴或消毒纱布敷盖患处即可,这样可以防止伤口发生感染。但同时也需注意:第一,在清洗伤口时要确保所有异物从伤口处洗出;第二,不要将棉花或其他绒毛状的物质覆盖在伤口处,因为它们会粘在伤口上面阻碍伤口愈合;第三,在包扎伤口时要保证伤口有较好的透气性,不能包扎得太紧;第四,每天都要换一次敷料,夜间可以让患处暴露在空气中,有利于伤口愈合。

如果伤口还在出血,可以用消毒纱布或干净的卫生纸压迫患处10min以上,同时要将患处抬至高于心脏的位置。待止血后再消毒、包扎。包扎时注意不能将伤口包扎得太紧,否则会使局部出现供血不足。如果伤口很大,压迫10min后还止不住血,或者伤口在患者的面部,应当立即送医。

治疗一般的损伤,给予清创缝合。有重要组织损伤时,则应作相应处理。如重要神经、肌腱的损伤,在彻底清创后,进行神经、肌腱吻合术。术后将伤肢用石膏固定于适当位置,以利愈合。如无特殊情况,术后 2 周开始练习活动,活动范围适可而止。常规应用抗生素及破伤风抗毒素,预防感染。

三、肌肉挫伤

1. 病因及损伤机制

挫伤是身体某部位受到钝性暴力击打而引起的组织损伤,在攀冰运动中是最常见的损伤之一。肌肉挫伤一般分为外表层挫伤和深层部挫伤两种,或两者都兼有之。肌肉挫伤后引起疼痛与暂时性功能丧失,需要较长时间康复治疗。典型挫伤发生于下肢,最常见的是股四头肌与胫前肌挫伤。

2. 症状

一般性的挫伤可使伤部出现疼痛、肿胀、皮下淤血、功能障碍等。与肌肉拉伤不同,病理上肌肉挫伤的早期组织变化为血肿形成与炎症反应,其以后由致密结缔组织的疤痕取代血肿,疤痕中没有肌纤维再生。严重肌肉挫伤可引起骨化性肌炎并发症。局部疼痛与僵硬是骨化性肌炎最常见的症状,患者有时可触及到肿块。临床挫伤分为三个等级:

(1)轻度:局部压痛,如膝关节活动幅度在 90°以上,无步态改变。

(2)中度:压痛较重并有肿块,如膝关节活动小于 90°,受伤者有跛行,不能深度弯曲膝关节。

(3)重度:有严重肿胀与压痛,如膝关节活动小于 45°,在没有帮助下受伤者不能行走。

3. 处理

发生肌肉挫伤后应马上停止锻炼,如果皮肤出血,先用酒精将伤口消毒,并涂撒消毒粉,用消毒纱布包扎,如果受伤部位红肿疼痛,可先用冷毛巾冷敷局部,一天后改用热毛巾热敷局部。经过治疗疼痛减轻后,要及时活动受伤的关节或肌肉,以便尽早恢复功能。轻度损伤不需特殊处理,经冷敷处理 24 小时后可用活血化瘀町剂,局部可用伤湿止痛膏,在伤后第一天予以冷敷,第二天热敷。较重的挫伤可用云南白药加白酒调敷伤处并包扎,每日 2~3 次,配合理疗。

经过治疗伤势减轻后,要及时活动受伤的关节或肌肉,借以恢复功能,如慢慢练习走路、下蹲、弯腰、举胳膊等,以免伤好后关节活动不灵,发生肌肉萎缩情况。

四、肌肉拉伤

肌肉拉伤有许多种，可分成主动拉伤和被动拉伤两种。前者是由于肌肉做主动的猛烈收缩时，其力量超过了肌肉本身所能承担的能力；后者主要是肌肉用力牵伸时超过了肌肉本身特有的伸展程度，从而引起拉伤。

1. 病因及损伤机制

肌肉拉伤主要原因为牵拉力量过大，从而导致损伤，如准备活动不充分、用力过猛，协调性差，导致主动肌和对抗肌同时用力。在攀冰过程中准备活动不充分，尝试危险难度动作时都容易造成肌肉拉伤。

2. 症状

肌肉拉伤主要表现为肌肉疼痛，皮肤有瘀伤或者肿胀，受伤部位活动受到限制。症状轻时拉伤的肌肉会有些僵硬，重时可能无法活动。肌肉拉伤可能会从肌纤维的微小分离到肌纤维的完全断裂，临床上一般可分为三级。

（1）一级（轻度）：只有少数肌纤维被拉长和撕裂，而周围的筋膜完好无损，纤维的断裂只在显微镜下能见到。运动时局部疼痛，用力时疼痛加重，肌肉力量有轻微下降，局部轻量肿胀、瘀血和压痛，但仍可以进行运动。

（2）二级（中度）：有较多数量的肌纤维断裂，筋膜可能也有撕裂，锻炼者可能感到"啪"地一声拉断的感觉，常可摸到肌肉与肌腱连接处略有缺失和下陷，在撕裂处周围由于出血，血肿发生程度上较一级严重，肌肉力量明显下降。

（3）三级（重度）：肌肉完全被撕裂。撕裂处可能在肌腹、肌腱或者在肌腱与骨的连接点上。锻炼者患处基本上肌肉功能丧失，在肌肉上能触摸到凹陷。受伤后首先产生剧烈疼痛，但疼痛会很快消退，因为此时神经纤维也被损伤，一般需要外科手术治疗。

3. 处理

轻度和中度肌肉拉伤可按照闭合性软组织损伤处理，若怀疑肌肉、肌腱完全断裂，应在局部加压包扎，固定患肢，立即送往医院，必要时还要接受手术治疗。为预防肌肉拉伤，练习者应当加强对抗肌群的力量和柔韧性，使屈肌和伸肌的力量及伸展性达到相对平衡。同时，还要做好充分的准备活动，合理安排运动量，纠正和改进技术上的缺点。

五、肩袖损伤

关节外侧肌肉可分为两层,外层为肥厚坚强的三角肌,内层是启抽,两层肌肉之间有肩峰下滑囊。润袖由冈上肌(司肱骨外展)、肩胛下肌(司肱骨内旋)冈下肌和小固肌(司肱骨外旋)的肌腱组成。肌腱扁宽,部分腱纤维与肩关节囊交织,肩袖远端分别止于肱骨大、小结节,形似袖口样包裹,故名肩袖,也称腱袖或旋转袖。肩袖损伤指肩袖肌腱和肩峰下滑囊的创伤性炎症,在攀冰运动中为常见运动损伤。

1. 病因及损伤机制

肩关节的反复旋转或超常范围的活动,引起肩袖肌腱和肩峰下滑囊受肱骨头与肩睡或喙肩韧带的不断挤压、摩擦和牵扯。当肩关节外展尤其是略带内旋的外展,肩袖肌特别是冈上肌肌腱不断与肩峰发生摩擦、挤压。当外展 $60°\sim120°$ 时,这种摩擦与挤压最为严重;外展超过 $120°$,肩胛骨随之发生上回旋,使冈上肌肌腱与肩峰间的距离增大,摩擦或挤压现象随之缓解或消失。肌腱的长期磨损可导致变性,在肌腱发生变性的基础上再遭到外力作用可发生肌腱断裂。在健身运动中忽视肩袖肌的力量练习,在负重的情况下肩关节完成过大范围的运动等,是引起肩袖损伤的常见原因。

2. 症状

急性肩袖损伤,疼痛多在肩外侧,部分病例疼痛向三角肌止点或颈部放射,不少伤员疼痛夜间加剧。肩关节活动受限,主动或被动地使上臂外展 $60°\sim120°$ 或内外旋转时会产生疼痛,但外展超过 $120°$ 或用力牵拉上臂后再外展时,疼痛常可缓解或消失。当上臂从上举位放下时,同样在 $60°\sim120°$ 间出现疼痛,小于 $60°$ 后疼痛缓解或消失,即出现所谓的"痛弧",这是肩袖损伤尤其是冈上肌损伤的重要表征。

3. 处理

急性期、上臂置于外展 $30°$ 位置,适当休息,采用理疗、针灸、按摩、外敷中药等方式,并暂停运动。急性期后,逐渐开始做肩关节下垂放松的回环、旋转及举臂等活动。症状完全消失后,可向多个方向做负重练习,但应避免引起疼痛的动作。少数肩袖肌腱断裂者,经合理治疗之后,3个月以上才能参加常规锻炼。加强肩袖力量,增加关节稳定性是预防肩袖损伤最重要的方法。

六、肘部运动伤害

攀爬者最常见的肘部损伤是上髁炎。上髁炎因损伤和疼痛部位不同,可分为肱骨内上髁炎和肱骨外上髁炎。

1. 肱骨内上髁炎

(1)病因及损伤机制:当屈腕、屈指的肌肉收缩时,主要的牵拉引力集中肱骨内上髁,使得骨内上髁受到的牵拉力比较大,频繁且集中,从而造成肱骨上髁肌腱发炎,同时肱二头肌收缩会使手掌旋转。在攀冰过程中,为了抓住冰镐,要保持手掌前旋转的姿势,这就使原本受力的手臂前旋肌群与内上髁的结合处因过度使用产生损伤。开始时,肘内侧出现酸胀,之后变为轻微疼痛,严重时可发展成持续性疼痛。

(2)症状:检查时,可发现内上髁比对侧略高,或有轻微的肿胀,有明显压疼,关节功能不受限,但在做前臂内旋、屈腕等动作时,内上髁处可能出现疼痛。

(3)处理:应休息减少肘部运动,采用推拿按摩、封闭治疗或者手术治疗。

2. 肱骨外上髁炎

(1)病因及损伤机制:当伸腕和伸指的肌肉收缩时,主要的牵拉引力在肱骨外上髁,主要的屈前肌肉也起自外上髁。所以,伸指、伸腕动作对外上髁产生比较集中的拉力。在攀冰过程中,手臂的上下运动,是由肌肉的收缩来完成的,而伸肌的用力比屈肌的用力要大,这样对伸肌起点的拉力就比屈肌起点的拉力要大,从而造成外上髁肌腱发炎。

(2)症状:与肱骨内上髁炎相似,在外上髁局部有肿胀和明显的压疼,在做持物伸指、伸腕抗阻、前臂外旋抗阻试验时,都可能出现肘外侧的疼痛。采用 Mills 实验方法:让伤员手握拳,屈腕与肘呈 90°,前臂内旋的同时手由前到后从腋下通过,再由下向后上方划弧,然后前臂伸直,此时若出现肘外侧疼痛,为阳性反应,否则为阴性。阳性反应说明患有肱骨外上髁炎。

(3)处理:适当休息,采取理疗、针灸、按摩、外敷中药等方法均有效,并暂停运动。

七、踝关节外侧韧带损伤

踝关节韧带损伤,在关节韧带损伤中占首位,其中以外侧副韧带损伤为多见。关节外侧副韧带分为三束,即距腓前(前束)、跟腓(中束)及距腓后(后束)。距前韧带的部分纤维参与组成关节囊,当其发生撕裂时,一般会引起关节囊和滑膜的损伤。距骨体前宽后窄,当足背伸时,宽的距骨体前部进入踝穴中,允许有一定的侧向运动和较大的内翻运动,而足的内翻活动通常伴随跖屈,较不稳定,足的外翻常伴随足背伸和外翻则较稳定。此外,使足背伸、外翻的第三腓骨肌较弱,使足背伸内翻的胫前肌较强,因而使足内翻的力量较大。从解剖生理上看踝关节容易发生过度内翻,从而引起外侧副韧带受到过度牵拉而发生损伤。

1. 病因及损伤机制

在运动中,由于场地不平以及跳起落地时身体失去平衡等,踝关节发生过度内翻(旋后),引起外侧副韧带的过度牵扯,造成部分断裂或完全断裂。外侧副韧带完全断裂,多伴随踝关节暂时性脱位或半脱位。由于外力作用的大小和受伤姿势不同,可能引起不同程度的韧带损伤。

2. 症状

如有足部突然内翻受伤,伤后踝关节外侧疼痛,迅速肿胀,并逐渐延及踝关节前部。若是距腓前韧带撕裂,关节出现普遍肿胀。韧带和关节囊撕裂后,伤后2~3天内瘀血、青紫现象最明显。因组织撕裂,关节积血或撕裂的韧带嵌入关节内,致使行走时疼痛,脚趾不敢着地,或只能用足外缘着地,局部又有明显压痛。根据外侧副韧带的解剖位置,压痛点既可帮助韧带损伤的定位诊断,又可帮助鉴别是单纯韧带损伤还是合并有骨折,前者压痛多在外踝下方,后者压痛多在外跟或外踝尖部。内翻痛,即握住患肢前足,被动使足内翻,在踝关节外侧相应的损伤部位出现疼痛。若内翻运动超出正常范围,外侧关节间增宽,距骨在两踝之间旋转角度增大,表示外侧副韧带完全断裂。

3. 处理

在现场急救时,立即用拇指压迫痛点止血,用冰水或用冰水浸湿毛巾压迫痛点促使血管收缩以加快止血,然后用较大的海绵垫在外凹凸不平处,用绷带加压包扎,并抬高伤肢。绷带包扎时应注意行走方向,即内翻损伤应呈轻度外翻固定,使受伤组织处于松弛状态。24小时后,根据伤情可选用药物、理疗、针灸、按摩等方法,使受伤组织加快炎症修复并及早开展踝关节力量练习、踝关节本体感觉功能训练和稳定性训练。对较严重的韧带损伤,也可采用膏管型固定。韧带完全断裂的伤员,经急救固定后送医院做进一步的治疗。

八、低温伤

1. 病因及损伤机制

低温伤是由于寒冷对人体组织造成伤害的临床综合征。人体的正常体温应保持在 36～37℃，如果体温下降到 35℃ 以下，可能会引起严重的身体功能伤害。

2. 症状

低温伤形成过程中，伤者本人往往不易自行察觉。初期首先有局部寒冷感，伤处呈粉红色，自觉痒、隐痛或针刺样疼痛，而后转为苍白色，局部感觉麻木或丧失知觉，皮温降低。如继续受冻局部则僵硬，呈冰冻状态。伤者脱离冷环境后，由于复温，局部呈反应性充血的炎症表现。患处痒、痛、红肿明显，因损伤程度不同，可表现有水疱、血疱及坏死。

3. 处理

（1）及时更换湿冷衣物，迅速脱离寒冷环境，防止继续失温；
（2）进食高热量食品，尽早进行复温（参阅冻伤处理）；
（3）及时就医治疗。

第三节 攀冰运动损伤的预防

攀冰运动损伤时有发生，应树立预防为主的意识，掌握相关的专业理论知识、技术和技能，可使攀冰活动在风险可控情况下安全进行。应避免贸然尝试，在一定程度上能降低受伤的风险系数。

根据运动损伤产生的原因和攀冰运动的项目特点，需要从以下几个方面做好攀冰运动损伤的预防措施。

一、合理控制内部因素

1. 充分准备活动

准备活动是预防运动损伤的重要环节，它可以提高中枢神经系统的兴奋性，使神经肌肉联系更加紧密，克服内脏器官的生理惰性，为机体运动能力的发挥提供保障。准备活动能减少肌肉的黏滞性，提高肌肉、韧带的伸展性和弹性，使关节活动的范围增大,这样不仅能提高肌肉收缩和放松的速度,增加肌肉收缩的效率,同时还可以有效降低扭伤、脱臼和肌肉拉伤的发生率。

2. 掌握攀冰基础技术

在攀冰过程中,需要利用冰镐和冰爪在冰壁维持平衡。挥镐踢冰,让冰镐和冰爪扎入冰壁作为支撑点。因此,在攀冰前应熟练地掌握踢冰、挥镐和下降等基础技术,才能最大程度上避免攀冰运动损伤。

3. 加强心理素质训练

攀冰运动对攀爬者有较高的心理素质要求。攀爬者对恐高、冒险的心理或行为都有或多或少的体验和经历,这些心理素质引发的运动损伤也屡见不鲜,由此形成的心理阴影也是攀爬者突破自我、技术进步的巨大障碍。通过心理训练培养攀爬者勇敢、自信的品质,缓解运动焦虑,激发竞技状态,防止运动损伤。

4. 避免危险动作

攀冰时不做危险性动作,才能确保攀登过程的安全。保护和自我保护是一门技术,在攀冰过程中为防止因保护技术失误而引起伤害,在攀冰时尽量避免尝试危险动作,尤其是超过自身能力的技术动作,尽可能避免造成的肌肉损伤和关节扭伤等。

二、科学控制外部因素

1. 攀冰场地评估

进行攀冰活动前要勘察地形,考察冰质,掌握天气变化情况,争取在下午2点(一天气温最高点)前能够完攀路线。落冰是攀冰中一种高风险因素,大部分攀冰运动损伤是由于落冰造成,天气原因也可能导致冰壁发生危险。在攀冰前建议攀爬者向当地人及攀冰指导员咨询了解冰壁状况以及天气情况,确保冰壁符合攀冰要求,防止落冰造成攀爬者以及保护人员受伤。

2. 定时检查保护站

在攀冰过程中,冰壁每时每刻都在变化,如攀爬造成冰锥与冰壁的反复摩擦,太阳照射以及温度升高等因素,导致冰锥滑出从而产生危险。因此,定时检查保护站是预防攀爬者受伤的关键要素。在攀爬前需要检查攀爬环境和冰壁状况,攀爬中需要每隔3~4h检查一次保护系统是否安全,是否受到上述因素的影响使得保护站不稳定。

3. 装备正确使用

攀冰必须借助专用的技术装备,因此合格的技术装备是安全攀登的基础。同时,还要及时正确地维护保养装备,使它们处于最佳状态,确保装备的耐久性。攀爬者与保护员应穿戴好适宜攀冰的户外服装、手套、登山鞋等,保持体温处于相对舒适的状态,并佩戴好头盔、护目镜、连体脖套等,预防零星冰屑的误伤,使用后及时清理与维护装备,保持其良好的性能。一切准备就绪,才能高效安全地享受攀登。

☆**本章小结**☆

(1)了解常见的攀冰运动损伤分类。
(2)了解常见的攀冰运动损伤产生的内部因素与外部因素。
(3)了解常见的攀冰运动损伤以及处理方式
(4)如何做好攀冰运动损伤的预防措施。

第九章　攀冰运动风险管理

第一节　攀冰运动风险管理概述

一、攀冰运动风险的定义

风险这个概念由来已久,早在 2400 多年前,雅典人提出了要在做决定前评估风险的观点。风险从广义上是指未来可能会发生或大或小不好事件的概率,它可能是预料之外的事件,也可能是预料之内的事件,它是我们可以基于过去发生的事件以及现在所拥有的数据或信息对未来会发生何种事件所作的一个基本推断。风险是一个外来词,姜梅英认为其最初源于法文的"risque",在 17 世纪中被引用为英文单词"risk",意为危险的含义,最早使用于保险行业。而在我国古代,渔民们出海前进行祷告,以祈求神灵保佑风平浪静,因为他们意识到在海上,有风则预示着有险,逐渐衍生出"风险"一词。随着人类社会活动的不断丰富,"风险"一词的概念也逐渐演化,医学、经济学、管理学等不同学科专家从各自研究领域出发,赋予了"风险"更为精确的定义和更深层次的内涵。风险具有客观性、突发性、不确定性、可测性、普遍性、发展性等特征。

攀冰运动风险即组织者、参与者在攀冰运动过程中,因人、装备、环境等风险因素的不确定性而导致的在攀冰运动中发生的人、财、物、名誉等非预期的损失可能性。在自然环境中开展攀冰运动意味着不确定性,风险存在于这一动态活动的各环节。攀冰运动风险具有客观性、复杂性、不确定性、潜在性等特点。

二、攀冰运动风险管理的定义

在真实生活的每一个角落都存在着客观风险,或多或少会影响到人类社会活动,因此风险管理的研究成为管理学领域的重要工作之一,风险管理研究最初是源于企业为保全资产,避免偶然发生风险所致的损失。风险管理的理想策略是用最少的代价去化解最大的风险,乃至避免风险。它的内涵主要包括两个层面:首先是精确预测相关领域可能存在的风险;其次是尽可能地控制相关风险出现或降低风险造成的损失,即人或机构对风险进行识别、评估、应对和监控,以最低的经济成本换取最大安全性的一种管理活动。

攀冰运动风险管理是指"为了保障攀冰活动目标的达成,识别、评估攀冰运动过程中存在的或潜在的各类风险因素、风险来源,并采取科学合理的风险控制方法与举措,使攀冰运动风险的伤害和损失降到最低程度的管理过程。"

三、攀冰运动风险管理意义

1. 保障攀爬者的人身财产安全

攀冰运动是一项涉及摔落、失温、雪崩、装备失效、高原反应、心理应激等各种极端危险的运动,因此,风险管理对于确保参与者的安全至关重要。这不仅包括对人身的保护,还包括对财产的保障。通过采取有效的风险管理措施,比如提供适当的专业技能培训和严格的装备检查,建立紧急救援预案等,能够最大程度地减少事故和意外的发生,确保攀爬者在极端环境中也能安全参与并享受这项运动。

2. 助力攀爬者与大自然建立良性互动关系

攀冰运动使人们能够深入接触自然环境,在与大自然的互动中建立联系。然而,这种互动需要在尊重自然的同时保护自身安全。通过风险管理,可以在保障参与者安全的前提下促进与自然环境的和谐互动,鼓励攀爬者尊重并保护山岩、冰川等自然景观,从而维持自然环境的完整性,形成可持续的运动方式。

3. 推动攀冰团队目标的实现

在攀冰团队中,风险管理是达成目标的关键因素之一。通过对潜在风险的认知和有效的应对策略,才能让攀冰团队更好地规划和执行攀冰计划,避免不必要的挫折和延误。在风险可控的情况下,攀冰团队能更有信心、更高效地迈向既定目标,同时保持团队成员的安全。

4. 提升攀冰团队在风险前的决策能力

攀冰团队需要在面对不确定性和风险时做出明智的决策。风险管理不仅仅是在事件发生后采取措施,更需要在攀冰之前做出的综合性决策。这种决策涉及对气候、地形、装备、人员技能等方面的全面考量,风险管理让团队能够更理性、更全面地评估各种因素,从而做出更加明智和安全的决策。

四、攀冰运动风险管理原则

不同领域的风险因素及特点有所不同,在风险管理原则上也有所差异,一般风险管理需要遵循整体性原则、结构化与全面性原则、可定制化原则、包容性原则、动态性原则、最好信息可用化原则、人文因素优先原则、持续改进原则。而攀冰运动风险管理原则在此基础上,结合攀冰运动风险及其管理特征,总结为以下几项原则。

1. 全面系统原则

攀冰运动风险管理需要全面考虑各种潜在的风险,涵盖攀冰过程中可能遇到的所有危险情况,包括但不限于摔落、天气变化、装备损坏、队员心理恐惧以及沟通障碍等问题。这些风险之间存在着相互关联,例如,天气突变可能增加摔落风险,队员心理恐惧可能导致沟通障碍,而这些因素又会影响整体的风险管理。为确保安全,风险管理需要建立全面的风险评估和应对措施。这包括对每种风险的详细评估,明确其可能对攀冰活动造成的影响,并制订相应的应对策略。例如,在处理装备损坏风险时,需要定期检查和维护装备,确保其符合安全标准;而对队员心理恐惧,团队沟通障碍等风险,则需要通过培训和心理辅导来提高团队成员的心理韧性和沟通技能。另外,风险管理需要强调团队之间的密切合作和有效沟通。攀爬者需要能够相互支持,及时共享信息,并在紧急情况下迅速有效地协作。同时,建立完善的紧急救援计划也是至关重要的,以应对突发情况,并最大程度地减少事故对攀爬者的影响。总的来说,攀冰运动风险管理是一个全面而动态的过程,要求对多种风险因素有深入理解,并在风险出现前进行预防性的措施和充分的准备。这种系统化的管理方法将确保攀爬者在极限挑战中保持相对安全,同时全身心地投入、享受这项激动人心的运动。

2. 预防为主原则

攀冰运动风险管理以预防为主,不仅仅是针对已知风险的应对,还包括对潜在风险的预测和预防措施的制定。这种预防性的特征体现在以下几个方面。

(1)提前识别风险:预防性风险管理涉及识别和分析可能的风险因素。在攀冰运动中,可以通过分析地形、气候、装备状况、攀爬者技能等因素来预测潜在风险,并提前制订相应的预防策略。

(2)预防事故发生:通过针对性的培训、装备检查、计划制订等措施,预防性风险管理旨在防止事故或意外事件的发生。例如,定期检查装备可以避免因装备损坏引发的事故,而专业技能培训可以减少攀登过程中的错误操作。

(3)建立应对措施:除了预防措施外,预防性风险管理还包括制定应对紧急情况的措施和预案。在攀冰运动中,即使已经采取了预防措施,仍需做好应急准备,以便在出现意外时能够迅速、有效地应对。

攀冰运动风险管理,实际上是把出现攀冰活动风险事件后的消极处置,转变为攀冰活动风险事件前的积极预防,这种积极而全面的预防工作,比起风险事件发生后处理更科学和有利。以预防为主原则是指采取各种有效措施,在全面系统原则的指导下,按照"长期准备,防患于未然"的要求,重点强化攀冰活动风险事件应急管理的应对性工作,尽可能避免攀冰运动出现较严重的风险事件。

3. 动态调整原则

攀冰运动的风险管理并非静止不变,而是需要不断调整以适应外部和内部环境的变化。这种管理必须以适时、适当的方式来预测和应对这些变化。攀冰活动的风险管理具有动态性,主要受以下几个因素影响:

首先,攀冰运动在山区等不稳定环境中进行,环境和天气条件变化无常,这直接影响着风险水平。其次,攀登过程中可能出现未预料的状况,例如装备问题或攀登线路困难。此外,从以往攀冰活动中总结经验也是管理风险不可或缺的一环,这些经验有助于管理者更好地理解潜在风险,并针对下次活动做出更有效的调整。同时,攀冰技术和装备不断创新,新技术和装备使用提供更安全的方式,风险管理需要紧跟技术发展,不断更新,以提升整体安全水平。这种动态的风险管理方法能够更有效地降低潜在风险,确保攀爬者的安全。

第二节 攀冰运动风险管理体系

攀冰运动风险管理体系是由攀冰运动风险规划、识别、评估、应对和监控五个动态联系的子体系构成。风险规划一直贯穿于整个攀冰运动风险体系之中,在拟定了攀冰运动风险管理的完整计划后,风险识别是开展风险管理过程的第一个步骤,它是搜索出风险来源、风险因素,判断风险出现在哪个环节和部位的关键。因此,风险识别是风险管理程序工作中最基本的部分,为风险评估、风险应对等其他工作提供基础信息。

一、风险识别

1. 风险识别的定义

风险管理的第一步就是找出风险,即风险识别。风险识别是风险管理者对所面临的风险及潜在的风险加以判断,确定风险来源,判断风险发生条件,描述风险特征并归类和鉴定风险性质的一系列工作,作为风险管理的基础工作,风险识别是一个连续不断监测风险与潜在风险的过程。风险管理者通过对大量有效的风险信息系统剖析,不遗余力地分析事件所具有的风险,而不可仅局限于某个风险环节、某个风险部位和某个具体风险。

2. 风险识别的基本特点

任何重大风险因素被忽略都会有可能导致整个攀冰活动风险管理的失败,也会给整个组织带来不可估量的损失,因此风险识别的成效在风险管理中具有指导作用。学者刘华荣认为"风险识别"是指识别出组织所面临的风险类别、形成原因及动态过程,并将风险识别的基本特征归纳为全程性、全员性、动态性、系统性。在此基础上,攀冰运动风险识别具有以下特点。

(1)主观性。风险识别是由个人在已有风险信息(包括外部环境、内部环境、装备物资状况等)和个人经验的基础上,经过个人主观能动性分析所得出的主观判断。由于个人专业知识水平、实践经验方面等具有差异,同一风险由不同人员识别的结果具有差异性。

(2)复杂性。攀冰运动涉及很多风险因素,如天气、冰况、装备、操作等,在冰壁上都有可能导致危险发生,而且风险因素之间关系密切,相互交叉影响,关系错综复杂。

(3)动态性。在攀冰活动过程中,周围环境也在不断变化,如气温上升导致冰壁融化,引起高空落石、落冰,致使保护人员的保护手段及保护空间的变化。因此,风险因素贯穿攀冰运动的全过程,并且不断动态变化,风险识别工作也需要随着攀冰运动的开展持续进行。

3. 风险识别的方法

实施风险识别的目的主要包括两个层面:第一是掌握"有哪些风险";第二是透析"为何会发生这些风险"。为达到这两层目的,风险识别具体有以下几种方法。

(1)感知风险。感知风险是风险识别的基础,通过感知风险,在此基础上进一步分析,寻找导致风险事故发生的原因,为拟订风险处理方案,进行风险管理决策服务。

(2)归纳风险。归纳风险是通过对风险源进行分析归纳,识别可能导致风险事故的因素。这个过程涉及对各种潜在风险源的调查和评估,以确定可能的风险因素及其对攀冰活动的潜在影响。

(3)分析风险。分析风险是一项关键的任务,它涉及对导致风险事故的各种因素进行细致和系统的研究。这个过程旨在识别和理解可能引发风险的根本原因和潜在影响,以便采取相应的措施进行风险管理和控制。

4. 风险识别的内容

风险识别是一个综合性的过程,其中包括建立风险初始清单、分解风险管理对象、识别和分类风险因素,以及建立具体风险清单。

(1)建立风险初始清单。建立风险初始清单是风险识别的基础和起点,经过资料收集、专家咨询等手段,大量收集活动风险信息,为风险识别提供理论依据。风险清单是综合同类活动以及行业标准等,对自身所面临的风险进行归纳总结后形成的清单,清单中应明确列出此次活动的潜在风险因素。

(2)分解风险管理对象。根据所收集的风险事故资料,将风险管理对象分解为人、物、环境、行为、事件、管理活动等要素,结合风险清单开展风险识别工作。

(3)识别和分类风险因素。依据风险初始清单中列出的风险因素,结合风险管理对象的客观情况、自身特点和外部环境特征,对存在的风险因素逐一进行潜在的危害识别和不确定性分析,并按照人、物、环境、管理等要素分类汇总风险因素。

(4)建立具体活动风险清单。通过建立具体活动的风险清单,可将活动可能面临的风险汇总并按重要性排序,让风险管理人员对活动风险有整体认识,并考虑到风险间的联系,对具有高风险的活动环节进行重点控制,而对低风险的活动环节进行一般控制,最终实现风险识别控制的目标。

5. 风险来源

1)人文社会环境风险因素

(1)攀冰运动法制体系不完整。包括规章制度不完善、缺乏相关法律法规,导致缺乏明确的法律依据和规范。

(2)攀冰运动管理体制不完善。包括管理机构组织结构不完善、责任分工不清晰、管理流程不规范等,导致管理效率降低和管理漏洞的存在。

(3)攀冰运动安全保障体系不健全。包括救援机制不完善、安全意识薄弱、救援资源有限等,导致救援不及时。

(4)攀冰运动市场监管机制不规范。包括市场准入门槛不高、市场监管不严格、产品质量监管不到位等,导致攀冰装备产品质量差、不合规经营和欺诈行为的存在。

2)攀冰运动参与群体自身风险因素

(1)组织者风险因素。包括组织者的经验水平、专业素养、安全管理能力等,可能影响到活动的组织和实施质量。

(2)参与者风险因素。包括参与者的技能水平、身体健康状况、安全意识等,可能影响到他们在活动中的安全性和适应能力。

(3)服务者风险。包括教练员、装备供应商等服务者的专业能力、责任意识和道德素质,可能影响活动的安全性和服务质量。

3)物质保障风险因素

(1)装备器材。包括手套、登山鞋、羽绒服、冰镐、冰锥、主绳等,其质量、使用状态和适配性可能影响参与者的安全和体验。

(2)生活物资。如食物、药品、水等,缺乏足够的供应和储备,或质量不合格,可能对参与者的健康和安全造成威胁。

4)自然环境风险因素

(1)气候。包括温度、湿度、降水等自然气候条件的变化,可能对活动的安全性和舒适度产生影响。

(2)天气。包括风力、降雪、降雨等天气情况的变化,可能对活动的安全性产生影响。

(3)环境。包括地形、地质、植被等自然环境的特点和变化,可能对活动的安全性产生影响。

(4)场地。包括冰柱、冰挂、冰瀑布、人工浇筑冰壁等攀冰运动场地的特点和状况,可能对活动的难度和安全性产生影响。

5)活动过程风险因素

(1)活动开展前风险。包括活动计划制订不合理,预先准备不充分,信息获取不全面等,可能导致活动的不顺利和安全隐患的存在。

(2)活动过程中风险。包括意外伤害、突发状况、技术困难等,可能对参与者的安全和活动的顺利进行产生影响。

(3)活动结束后风险。包括活动总结不及时,后续跟进不到位,事故调查处理不当等,可能导致类似问题的再次发生或其他风险的延伸。

二、风险评估

1. 风险评估的定义

风险评估又称风险衡量,是风险管理的关键步骤之一,处于风险识别和风险应对之间,是指在风险识别的基础上,对收集而来的风险信息加以分析,评估和预测风险事件发生的概率或风险事件带来的影响和可能损失程度。选择合理的方法和手段,能为攀冰运动风险管理者提供风险发生概率、风险事件具体危害程度和风险损失情况进行有效评估,有针对性选择最佳的风险应对决策。

2. 对常见风险的评估

风险评估既是对风险识别的深入认识,也是选择和实施风险应对策略的依据。通过对攀冰运动各类风险事件的评估,以下介绍四种可能造成严重损失的风险。

(1)雪崩。雪崩是攀爬者可能遇到的最大危险。自然冰壁的形成需要大量水源,因此在攀爬线路的上方通常会有积水坝或湖泊,承载大量积雪。当积雪释放出来的是大面积的雪流而不是小股水流,极有可能产生雪崩并造成严重后果。预防雪崩最好的方法是系统地学习雪崩预警和雪况稳定性评估。不过无论受训等级或者经验如何,在攀登过程中都要保持警醒,并且在决策的时候对可能出现的问题有充分预测。

(2)暴风雪。80%的雪崩发生在暴风雪当中或者暴风雪后的24小时内。暴风雪造成的绳子冻结、手指冻伤和体能消耗等因素使得风险大大增加。事先研究在某一地区出现暴风雪的可能性是非常有价值的,在攀冰前必须查看天气预报,特别注意普通的天气预报可能并不等同于攀冰场地的天气预报。

(3)不坚固的冰壁。当准备攀登冰壁时,需密切关注冰壁上的冰挂、冰柱、冰塔和冰檐等脆弱结构的存在。这些结构容易受到外力或温度变化的影响,增加攀爬风险。此外,在攀爬路线上观察是否有水流的存在也至关重要。特别是在冬季午后或气温较高的条件下,阳光直接照射会降低冰的强度,增加水流量,导致冰锥脱出。因此,仔细观察并评估冰壁的结构稳定性和水流情况,对于确保攀爬的安全性至关重要。

(4)黑暗。在黑暗中,任何攀冰风险因素和潜在损伤的可能性都会呈指数级增加。在冬季,夜幕总是迅速降临。对于那些需要长途跋涉或攀爬多段线路才能到达终点的路线来说,无论是为期一天的短途攀冰还是其他户外活动,携带头灯是至关重要的。

三、攀冰运动风险应对

（一）攀冰风险应对的定义

攀冰风险应对是风险管理者在经过风险识别和评估后，整理得出的各类风险应对措施清单。通过综合考虑风险管理者的风险承受能力，并针对具体的风险事件，采用适当的方法和手段来降低风险事件的发生概率，或减少事件发生后的损失。这包括采取各种风险防范措施，如加强培训、改进装备、规范管理体制、建立预案和加强监测预警等。风险管理者应根据特定的风险情况和自身能力，选择适合的应对策略，并确保措施的有效实施。

（二）风险应对的目标

风险应对的目标是确保在攀冰活动中尽可能降低风险事件的发生概率，并在事件发生后最大程度减少损失。通过综合应用风险管理原则和方法，风险管理者可以更好地保护参与者的安全，并确保攀冰活动的顺利进行。因此，风险应对措施的制定和实施对于保障攀冰活动的安全顺利开展十分重要。

（三）风险应对策略

风险应对策略是在风险识别和评估的基础上，包括风险回避、风险转移、风险减轻和风险自留等措施。

1. 风险回避

风险回避，又称为风险规避，适用于在攀冰运动过程中，潜在风险发生的可能性极高且负面影响严重，并且没有其他可行的策略来降低风险的情况。在这种情况下，风险管理者或组织需要权衡预期活动目标与潜在风险发生之间的矛盾，结合风险管理者的风险承受能力和风险倾向，选择放弃、中止、调整或改变活动目标的行动方案，以规避风险。

采取风险回避策略需要对风险有充分的认识。风险管理者必须能够迅速做出正确的判断并予以实施。举例来说，在高海拔攀冰探险活动前夕，如果天气预报显示可能会遭遇暴雪、暴雨等极端天气，风险管理者应果断地延迟或取消预定的攀冰计划，完全回避因天气因素引发攀冰重大事故的可能性。

2. 风险转移

风险转移，又称合伙分担风险，通常适用于风险事件发生概率较低但其造成的损失较大的情况。风险转移是将风险事件所导致的损失转移给其他单位或个人的一种风险处理措施。在攀冰运动中，组织者有意识地将可能导致人身危险或财产损失的活动转嫁给他人来承担。如购买保险是风险转移最常见且最重要的方式，将风险转移至保险公司承担。攀冰运动参与者可以通过购买意外险、财产损失险、人身安全险等方式，以实现风险转移的目的。

3. 风险减轻

风险减轻，又称为风险降低，是指当风险事件无法完全消除、风险损失无法避免或转移时，风险管理者采取经济可行的手段和措施，以积极的态度尽可能降低风险发生的概率，并减少风险事件对人身、财产和声誉等方面的损失。为了降低风险，组织者可以加强攀冰活动前的安全事项宣传，要求参与者进行全面的身体体检，定期为攀冰运动组织者和工作人员进行安全培训，在活动前多次对各项风险防范措施进行反复检查等。

4. 风险自留

风险自留，又称为风险承担，分为主动承担和被动承担两种形式。主动承担是在进行全面的风险识别与评估之后，确定风险造成的损失将不可避免或转移。在综合思考后，风险管理者或组织认为自身具备承担该风险的能力，并主动选择承担该风险。主动承担是一种积极的风险应对措施，旨在提前应对潜在风险；被动承担则意味着风险识别与评估工作未充分执行。这表明对风险或潜在风险发生的可能性以及风险事件导致的损失认识不清晰，或者评估能力不足。最终，只能由自身或组织承担风险后果，这是一种消极的风险应对措施。

（四）攀冰运动常见风险及应对

攀冰运动是一项高风险运动，其中涉及众多风险因素。除了需要专业技术装备和正确熟练的操作技巧外，攀冰运动还必须注意季节、环境以及场地等风险因素的影响。

本书将攀冰运动的风险主要分为三类因素，即环境、装备和人。环境因素包括温度、天气状况、交通情况以及攀冰场地的特点等；装备因素涵盖技术装备、个人装备以及其他相关装备等；而人的因素包括技术水平、身体素质、团队协作意识和配合能力等。

攀冰运动

1. 环境因素引起的风险及防范

众所周知,攀冰场地的天然特点是低温,因此环境因素的风险主要涉及低温。低温可能引发多种风险,包括失温、冻伤等。此外,冰壁本身也存在一定的风险。当白天温度升到0℃以上时,冰壁会逐渐融化。湿漉漉的冰面不仅会使攀爬者的衣物湿润,还会显著降低冰的强度,导致不同大小的冰块掉落,形成落冰。冰上还可能附着有岩石碎块,由于冰的融化,这些碎块可能从高处掉下,对攀爬者的人身安全构成威胁。为了应对上述风险,我们需要从以下几个方面进行防范。

1)着装防范

(1)保暖帽和头巾。由于头部是人体散热最快的部位,在攀冰过程中特别需要注意头部的保暖。因此,在攀冰时必须佩戴保暖帽。同时,由于攀冰需要始终戴着头盔,选择较薄的保暖帽或使用头巾替代是更合适的选择。此外,为了保护面部免受碎冰划伤,还可以考虑选择具备保暖和防护功能的套头帽。

(2)手套。手套是攀冰中必备的装备,起到防护和保暖的作用。为了更好地握持冰镐,可以选择较薄的抓绒手套。然而,由于冰面上常有碎冰或流水,因此还需要准备一副防水手套,否则戴湿手套攀冰不仅不舒适,还会有冻伤的危险。

(3)登山鞋袜。攀冰时应选择厚实的登山袜,具有良好的排汗效果和较高的保暖性能。此外,应穿防水的登山鞋,以防止鞋子进水后冻伤脚趾。

(4)羽绒服。无论是攀爬者还是保护员,羽绒服都是必不可少的。保护员由于长时间保持制动保护姿态,在保护同伴时应穿着羽绒服。如果羽绒服较厚,应将其穿在安全带外面,并选择具备双向拉链功能的羽绒服,以便在需要时从下方拉开而不妨碍保护操作。在冲锋衣内穿一件超薄羽绒服也是一个不错的选择。

2)饮食防范

在开始攀冰前,务必进食,这样可以在一定程度上保持体温,并为攀爬提供能量。攀爬者可以在背包中准备一些高能量食品,如坚果、巧克力等,以便在攀登间隙及时补充能量消耗。

3)饮水防范

许多攀爬者不习惯饮水,然而缺水会迅速使人体处于脱水状态,加快失温和体力衰竭的速度。因此,攀爬者的背包中必须携带一个装满热水的保温壶,容量视个人情况而定,通常不低于1L。饮水应采取少量多次的方式,不要因觉得麻烦而忽视。

4)热身防范

攀爬开始前要注意进行热身。切忌在身体尚未预热或活动未开展之前开始攀爬,否则在攀爬过程中容易由于寒冷导致抽筋或受伤。需要注意的是,如果天气过于寒冷,提前进行的热身很快会失效,此时只需在攀爬起步之前适当进行一些拉伸活动,尤其要重视肩背肌肉的拉伸。

5)时间规划防范

攀冰时应遵循"早出发、早结束"的时间规律。由于白天气温最高的时间通常在午后2点左右,因此最好在此之前完成攀爬,这意味着需要早出发以便安装路线。很多时候,过了午后,冰开始融化渗水,不仅保护点的安全系数大大降低,而且上方的冰壁可能存在落冰和落石的风险。

2. 装备因素引起的风险及应对

除了安全带、头盔外,攀冰所用的装备如冰爪、冰镐、冰锥等都十分锋利,所以也更"娇嫩",野蛮使用会造成装备损坏,使用和保养不当也可能对人员或其他装备造成伤害。攀冰的装备由于不经常使用,可能一年之中只是在冰季的时候才会用到,所以使用前后对它们的检查与保养就显得尤为重要。

(1)服装及鞋子检查。使用前要仔细检查鞋子、服装的防水性能,如出现破损、裂纹要及时处理或更换。使用后要及时做好清洁和防护,建议手洗或者用刷子将脏的地方刷干净即可。鞋子要及时去除泥垢,刷洗后放到阴凉通风的地方自然阴干,不得暴晒,以免损伤防水性。

(2)绳子检查。绳子是攀冰中的一项重要装备,使用过程中要全程使用地布或绳框保护,否则绳子很容易在地面冻住或被锋利的冰爪踩踏。攀冰后的绳子基本都逃脱不了"湿身"的命运,回到住处后尽快将绳子放到屋内烘干或阴干,这样才能最大程度保证绳子的强度。如果没及时处理,尤其是将绳子放在户外,绳子会由于结冰变硬,不仅操作困难,而且降低了强度,影响使用寿命。

(3)冰爪、冰镐、冰锥检查。这三样技术装备是攀冰中最重要的,装备对它们的保养也要做到最精细。使用前要进行全面检查,首先看有没有大的损坏,其次看锋利的部位如冰爪尖、冰镐尖、冰锥尖和螺口有没有变钝,连接处的螺丝是否松动,检查无问题后才可以使用。每次使用中和使用后都要特别注意对它们的保护。要在地布上进行装备的清点,而不是把装备直接堆在冰面上。使用后要及时清洁擦拭,清除残留的冰渣,以防腐蚀金属表面,造成生锈并降低强度。运输和打包时要把这些利器都保护好,最好的方式是用它们自带的保护袋装好,特别要注意齿尖部分的保护。有装备厂商特意制作了冰器盒子(ice box)的装备来盛放所有这些锋利的装备。

3. 人引起的风险及应对

在攀冰运动中,要对个人技术水平、身体素质以及团队协作意识和配合能力等因素进行全面的风险评估,并制订应对措施。通过适当的培训和准备,提升自己的技能和体能,并与团队成员密切合作,可以有效降低人的因素带来的风险,确保攀冰运动安全顺利进行。

1)个人技术水平风险

攀冰运动要求一定的技术水平,攀爬者需要正确掌握攀爬技巧和攀爬装备操作能力,以及对不同类型冰壁和岩壁的适应能力。技术水平的不足可能导致错误的操作、不稳定的攀登姿势或失误,从而增加意外发生的可能性。应对方法包括:

(1)接受专业攀冰培训和指导,提升技术水平。

(2)在安全的场地进行反复练习和训练,逐渐积累经验。

(3)参加不超出自己技术水平范围的攀冰活动,避免冒险行为。

2)身体素质风险

攀冰运动对参与者的身体素质提出了较高要求,包括耐力、力量和灵活性等方面。缺乏足够的体能可能导致疲劳、肌肉损伤以及意外事故的发生,对攀爬者的安全构成潜在威胁。应对方法包括:

(1)进行全面的身体锻炼,以增强身体耐力和力量。

(2)定期进行体能训练,提高灵活性和协调性。

(3)在攀冰前进行适当的热身和拉伸,减少肌肉拉伤的风险。

3)团队协作意识和配合能力风险

攀冰运动通常需要团队之间的密切合作和协调。缺乏良好的协作意识和配合能力可能导致沟通不畅、决策错误或行动不协调,进而增加攀冰过程中意外事故的发生。应对方法包括:

(1)加入专业攀冰团队或与有经验的伙伴一同进行攀冰活动。

(2)提前进行充分的沟通和计划,确保团队成员相互了解彼此的能力和责任。

(3)遵守团队规则和团队领导的指挥,保持密切的沟通和配合。

四、攀冰运动风险监控

在攀冰运动风险管理过程中,监控和记录的重要性不可忽视。它们为实施和改进整个风险管理过程提供依据,除了监控整体风险情况外,还需要关注以下几个方面:首先是监测遇险事件。通过及时监测和记录遇险事件的发生情况,我们可以深入分析这些事件的原因、变化趋势以及相关教训。这样做有助于我们从中吸取经验教训,进一步改善风险管理策略和措施;其次是发现内部和外部风险因素的变化。我们需要密切关注风险的变化以及可能导致风险应对措施发生改变的因素。通过监控这些变化,我们能够及时调整和优化风险应对措施的实施优先次序,以应对不断变化的风险挑战;另外,监测风险应对措施实施后的剩余风险也是必要的,这可以帮助我们评估已采取措施后的效果,并及时发现和处理剩余的风险。通过监控剩余风险,我们可以在适当的时机采取进一步的措施,以保持风险的可控性和安全性;最后,对照风险应对计划,检查工作进度与计划的偏差,确保风险应对措施设计和执行有效实施。通过定期检查和对比,我们可以及时发现和纠正工作进度与计划之间的偏差,确保风险管理工作按照预期进行,并有效地达到风险管理的目标。

五、攀冰运动风险管理步骤

攀冰运动风险管理是一项涵盖多个环节的综合性过程,包括攀冰运动风险识别、评估、应对以及监控等主要环节。这些环节相互依存,构成了一个完整的风险管理体系,确保攀冰运动安全顺利进行。风险识别是风险管理的基础;风险评估是对已识别的风险进行定量或定性的评判;风险应对是采取一系列措施来应对经评估的风险;风险监控则是一个持续的过程,旨在监测和记录风险管理措施的实施效果,并进行必要的调整和改进。

风险管理是一个循环迭代的过程,需要不断改进和完善。每个环节都有其独特的任务和方法,通过系统的风险管理实践,可以最大程度地降低攀冰运动的潜在风险,并确保活动的成功和可持续发展。这种科学的风险管理方法能够提供一种综合性和全面性的视角,以指导攀冰运动的组织者和从业者在面对风险时做出科学决策(图9-1)。

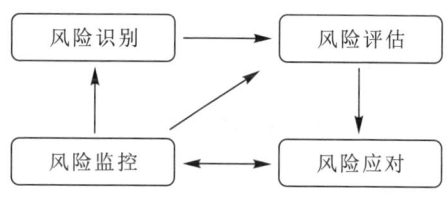

图9-1 攀冰运动风险管理程序

上述四个环节,环环相扣,层层递进,前一个环节为下一个环节提供工作方向和依据,后一个环节是前一个环节的深入和延续,共同形成攀冰运动风险管理的闭合系统。依照风险的识别、评估、应对和监控四个基本程序执行实施攀冰运动风险管理,可以更为深刻地认识攀冰运动风险的形成机制,更加全面地把握风险因素的重要程度,更加精准地探索风险的应对规律,由此实现对攀冰运动风险的有效管理,从而确保攀冰运动健康发展。

第三节 攀冰运动风险的应急处理

紧急情况的处理是风险控制过程中的关键阶段。当面临事故或潜在风险时,紧急情况的处理提供了最后的机会来阻止事态的进一步恶化,或减少可能产生的损失。这一阶段的重点在于迅速采取行动,以避免事故的发生或限制其对人员和财产的影响。

一、建立应急预案

应急预案是指发生紧急情况或事故时的应急处理流程。应急预案应包括但不限于以下内容。

1. 完成通报

当发生紧急情况或事故时,及时、准确、完整地传递信息至关重要。通报应该按照预定的通报链条进行,确保信息能够快速准确传达给相关人员。通报时,首先要明确事故等级,以便大家了解紧急程度。同时,优先采用电话沟通的方式通知相关责任人,以确保信息能够及时传达。

2. 完成应急处理

紧急情况发生后,需要立即进行应急处理,包括现场急救和人员疏散。现场负责人应根据情况判断是否需要联系医院或应急管理部门,以便获取进一步的支援和协助。

3. 记录事件处理步骤

在紧急情况得到应急处理后,应对整个处理过程进行详细记录。这些记录将作为后期参考,有助于回顾和改进应急预案。

4. 事件调查

攀冰负责人应对事件进行调查,需要从参与人员和现场工作人员那里获取书面说明,以了解事故的发生原因、责任分配等相关情况,这有助于防止类似事件再次发生,并采取适当措施改进应急处理方案。

5. 新闻发布

指定新闻发布人负责与媒体联系,及时报送相关信息。其他参与事件调查的人员不得擅自发布与事件相关信息,以确保信息的准确性和一致性。

6. 联系法律顾问

在紧急情况处理过程中,可能涉及法律问题或法律责任。因此,指定专人联系法律顾问可以提供法律意见和指导,确保应对措施的合法性和合规性。

7. 保险赔偿申报

指定专人跟进处理伤者的保险赔偿申报事宜。这包括与保险公司联系、提交必要的文件和信息,并确保受伤人员能够及时获得相应的保险赔偿。

8. 提供紧急事件压力汇报

在发生重大事件后,可能需要向其他相关人员提供紧急事件的压力汇报。这可以是上级领导或其他相关利益方,以确保他们了解情况并能够提供必要的支持和协助。

9. 编制记录和整理资料

对事件的处理过程、调查结果、新闻发布等各个方面的相关资料进行整理和归档。这些记录和资料将成为未来应急预案改进和类似事件处理的重要参考。

二、风险事故处理

遇险或事故发生后,应根据风险预案开始紧张而有序的风险事件处理工作。为了控制局面,需要做好以下几项工作:

1. 评估并控制局面

首先需要对当前局势进行评估,确定紧急程度和优先处理事项的轻重缓急。由攀冰负责人或其他权威人士担任指挥,统一协调工作。在安排工作时,需要照顾全体人员,并采取措施避免再次发生事故。

2. 使用正确的处理策略

根据具体情况,采取正确的处理策略。例如,如果有人受困于可能威胁生命的场所,应迅速将受困人员转移到安全地点,确保其安全。

3. 进行伤病急救处理

立即开始对受伤人员进行急救处理,提供必要的医疗救助。急救措施应尽早实施,以最大程度减少伤害和保护生命。

4. 激活紧急事件反应体系

启动紧急事件反应体系,通知相关的应急服务机构和活动组织方的负责人或值班人(如攀冰安全负责人)。同时,通知有关的管理部门,以便他们能够提供支持和协助。

5. 撤离事故现场

组织人员撤离事故现场,确保安全。将伤患者送往医疗机构接受进一步治疗,同时指挥其他人员有序撤离现场,避免进一步的伤害。

6. 发出求救信号

如果需要外界的救援和支持,及时发出求救信号,以便获得帮助。

7. 后续处理

事故处理完毕后,需要进行一系列后续处理工作。①是否继续进行原计划的活动;②混乱局面是否得到了有效控制;③是否还存在安全隐患;④是否与所有相关人员和部门进行了联系;⑤如何应对媒体和公众。

8. 整理书面报告并报送

返回后,立即整理事件的详细情况和处理过程,编写书面报告,并及时报送给相关单位和部门。这有助于他们了解事故的发生原因、处理事故和后续措施,以便做出相应的决策和改进。

第四节　攀冰运动风险管理事故案例

案例一:来自公众号"昆明走进自然户外"

2022年1月1日,四姑娘山攀冰活动发生了意外事故。一名女攀爬者在下降过程中与冰壁碰撞,导致冰镐刺入大腿。据当事人描述,在最后一次攀爬过程中,虽然感到手臂已经力竭,但还是选择继续攀爬,由于下坠时过于放松且速度很快,导致一时不注意冰镐直接插入大腿。整个人瞬间头脑空白且没有痛感,腿部的血开始往下流淌,被队友拉下冰壁后大脑已经变得迟缓、晕眩,血覆盖了下肢,随后开始失温,手脚已经麻木的不得动弹,耳边一直听到队友说不要睡。所幸,当事人及时得到队友和现场教练的救助,经过简单现场处理后送往都江堰治疗,缝针后脱离危险。

案例二:来自公众号"攀岩笔记本"

2021年2月,"大壮"和朋友来到了位于佛蒙特州博尔顿(Bolton)山区一个偏远的地点开发新的攀冰线路（图9-2）。在悬崖的最远处，他们看到了三条明显的可攀路线。最大的一条是一个独立的冰柱，将近8m高，第二条更容易。顺利地攀登完这两条路线后，他们看上了最后一条冰帘路线(free-hanging curtain)，并讨论了如何降低风险。三人手机都有信号，还带着一个医药箱，结果在攀爬最后一条冰帘线路时冰帘子崩塌。"大壮"连人带冰一起掉了下来，冰帘子直接砸中了他。事故导致"大壮"脚踝骨折，上唇撕裂。据"大壮"事后总结，当天他们第一次爬的冰柱(free-standing column)可能要危险得多，但侥幸成功使得他们在后面的攀爬过程中大意了，从而做出了错误的决策。

图9-2 冰友攀爬

"冰是一种不稳定的介质，攀冰的风险之一就在于对冰壁稳固程度的判断。对于悬在空中没有落地的冰柱，整体崩塌的风险很高，一旦崩塌，后果将十分严重。一般来讲，冰和岩石结合的越紧密、接触面积越大，冰瀑就越坚固。"

案例三：来自网站"希华时讯"

2022年2月7日在希腊伯罗奔尼撒半岛卡拉夫里塔(Kalavryta)附近发现此前一天失踪的3名攀爬者遗体。3人是有丰富攀冰经验的希腊知名攀冰好手。据初步调查，他们在攀爬时遇到罕见大雪后发生雪崩而遇难。据报道，3人此次的目标地点是马夫罗内里(Mavrolimni)，并计划攀爬冰瀑。卡拉夫里塔滑雪中心在脸书专页发文称："从清晨开始进行的空中和地面搜索，在山坡底下发现了雪崩的痕迹，一场规模非常大的雪崩。最有可能的情况是，雪崩吞没了试图接近预定路线的攀爬者。"

案例四：来自"中国登山户外运动事故信息平台"

2016年2月20日，四川小金县四姑娘山景区双桥沟发生一起攀冰事故，遇难者张某在攀冰过程中先锋冲坠不幸身亡。遇难者生前是国内资深攀爬者，此次事故发生所在地是双桥沟内一条有名的攀冰路线龙壁,张某长期进行攀岩攀冰训练,保护员倪某和古某此前也多次攀爬过龙壁。三人均具备较好攀爬能力,装备准备充分。但由于气候原因,2016年春节期间双桥沟内冰壁融化情况较严重,龙壁冰面结冰少于往年。大约10:30,他们从龙壁的根部,而不是往常的台阶上开始攀爬,张某进行先锋攀,倪某做保护。因为前段比较简单,所以第一颗冰锥打在距离地面18m左右的冰台阶上方2m处,前面3颗冰锥攀爬都很正常。第三颗冰锥使用了缓冲扁带连接快挂,说明他意识到了即将越过的路线是一个可能发生问题的难点。到第四颗冰锥左右的位置,大约来到了菜花冰的下侧,张某明显犹豫了,停在一个位置待了十几秒,表示不知道怎么爬了。这时,古某大声为他指示路线,让他往右侧的冰洞方向去。张某按照指示继续向右上方攀爬,从这往上他打镐产生的落冰明显比之前要多。这说明,张某此时已经处于较疲劳的状态,对线路的判断和自身的攀爬能力产生了怀疑。张某到达预计保护站下方1.5m左右的位置,突然发生冲坠,倪某本能地紧抓绳索,感觉稍顿了一下,但在预想发生受力的位置和距离内并未感觉到绳索发生作用,张某直接砸到了冰石台阶上,然后继续向下滑落,倪某被绳索向前拉拽了2~3m的距离,绳索发生作用彻底制动时张某已在倪某头上2m左右的冰坡上,头部着地。最终张某在医院被宣布死亡。

事故分析:①对气候环境判断不足,设置保护点时,最后两颗冰锥的位置选择有误。2016年春节期间,当地温度因大气暖流影响上升较快,比往年的冰略少而薄,冰锥需要精准设置在可以起到作用的位置,设置位置的失误,导致冲坠后连续拉出下方冰锥。死者直接跌落在岩石台阶,跌落过程中还和冰壁进行了严重冲撞;②选择使用相对不熟悉的无跟一体靴。一体靴的使用本身没有什么问题,但由于平时使用一体靴攀爬不多,对于靴子的熟悉程度还不够充分,造成当事人的身体发生过度疲劳,引发技术操作失误;③心态急躁。想要登顶冰壁的迫切心情影响了正常判断,导致了后面连续几个问题的发生,所有的问题点集中到一起导致了悲剧的发生;④路线选择失误。根据同行攀冰爱好者自发制作的事故发生现场图和攀登路线图分析,攀爬者在选择攀登路线时没有考虑到这条路线经过一个岩石台阶。如果发生冲坠,制动无效或延缓后,下坠中如果身体再和冰壁发生碰撞,改变下坠方向,可能会直接坠落到这处岩石台阶。死者使用的冰锥带有一个缓冲扁带快挂,设置在第三颗冰锥上,也就是发生作用的那颗但收纳在内的扁带并没有被拉出。坠落的势能已经绝大部分被当事人在坠落台阶时吸收,那一下可能是最致命的。在这种冰壁攀登特别应注意的就是对于可能发生的坠落方向进行预估预判,避开可能导致保护失效的攀爬路线;⑤事故人在登山攀冰圈内小有名气,已参与运动多年,具有一定的攀爬经验和攀冰技术,但对于高海拔攀登的身体适应等情况,经验尚不足。

案例五:来自"中国登山户外运动事故信息平台"

2017年1月17日,四川四姑娘山双桥沟内,有两位来自台湾的户外运动爱好者进行攀冰活动,其中一人先锋攀登时冲坠20多米,头部着地受重伤。

两名山友是常年进行攀登的山地救援组织成员,其中一名女性曾来过双桥沟进行入门攀冰学习和训练。两人进沟后,前往大石包沟冰壁进行攀冰活动,这是他们本次进沟后第一次攀冰。在先锋攀冰时,这条冰壁因天气原因上下均有流水,冰质属于中空和冰挂混合形状。当事者先锋攀登到达上方准备建立保护站,在建站时,冰镐崩出导致发生冲坠,冲坠导致两颗冰锥被拔出,结果当事者整个人头朝下坠地,头部受重伤。

出事的冰壁因天气原因,上方冰壁受阳光照晒后,融化流水较多,冰层下空洞较多。伤者在攀爬操作时,选择的入锥位置、入锥深度都不算好。另外,伤者的攀冰经验较少,属于入门阶段,对冰壁难度有所低估,超过自己的实际掌握能力,导致技术性事故发生。同时,下方保护员的保护操作也发生错误,在当事者发生冲坠时未给到适当的缓冲保护,直接硬拉绳也是导致头朝下坠地的一个可能因素。

案例六:来自网站"新浪户外"

2014年3月5日,据英国《每日邮报》报道,一名攀冰爱好者名为约翰·弗里曼(John Freeman),在加拿大班夫国家公园的冰原大道攀爬冰壁,不料在攀冰过程中因冰壁不够牢固,经过冰镐的猛烈一砸突然崩塌,致使这名攀爬者坠落地面,所幸本人没有大碍。

案例七:来自网站"豆丁网"

2012年元旦,严某、周某、李某、苏某以及石家庄户外爱好者汗腾某在石家庄附近的中台山冰瀑攀冰。严某在攀爬至高度20m左右时脱手冲坠,并且唯一一枚用作保护的冰锥在受力时失效。幸运的是,严某撞在冰壁斜坡部分的中上段后,半滑半滚落至地面,因撞击造成轻度脑损伤以及左眼左侧和上眼皮划伤。事后,严某对先锋冲坠和保护点失效两件风险事件进行了分析:①先锋冲坠,严某认为几乎完全是因为松懈所致。由于良好的天气与冰况,加上"元旦气氛"与拍摄的影响,在攀爬过程中几乎对冲坠完全没有担忧与害怕。在掉脚导致坠落前,更是因为到了下一枚冰锥位置,伸手就可以把绳子扣进快挂而极度松懈。事实上在响应拍摄要求而多踢一点冰下去的过程中,前齿跟冰面的结合就已经没有原来那么牢固了,既然靴子的合脚与松紧程度,冰爪的制式与调节都不是问题,那么心态松懈是主要问题;②保护点失效,因为过分相信队友设置的单个保护点,且没有检查,是没有做好风险准备工作的一大特征。

案例八:来自"东方新闻"

2017年2月17日,意大利和瑞士交界的瓦莱达奥斯塔区,5名攀冰爱好者在攀爬当地的阿尔卑斯山区一座冰瀑布时,瀑布上的一大块冰块突然剥落,造成4人死亡,另一人因在事发前已经登顶而幸免于难。当地专家分析认为近来气温回暖是此次冰瀑融化意外事故的主要原因。

案例九:来自网站"climbing"其一

2006年12月20日,34岁的奥地利攀冰攀岩运动员哈里·伯杰(Hari Berger)在奥地利弗拉查豪(Hintersee Flachachau)附近的一个冰洞攀冰训练时遇难,当时约有150t冰块塌陷,在训练期间埋葬了这位奥地利世界冠军。

案例十:来自网站"climbing"其二

2022年1月19日,24岁的攀爬者塔克·罗文(Tucker Rowan)爬上了科罗拉多州清溪峡谷的顶峰,并试图爬上水流右侧的松散岩石沟壑,他从沟壑顶部附近滑落,摔落至地面上,并当场死亡。一个在现场提供护理的导游说,事故是可以避免的。他认为,考虑到所有因素,对于下降的攀爬者来说,最安全和最简单的选择就是从螺栓上垂降,而不是向下攀登沟壑或四处走动。他指出遇难者只带了一根60m长的绳索,应该使用70m的绳索,这就是为什么攀爬者选择向下攀爬沟壑作为替代螺栓垂降的原因,如图9-3所示。

案例十一:来自网站"bing"其三

2010年2月16日,克里斯蒂·麦金蒂尔(31岁)和维克多·劳森(37岁)在Tuolumne Meadows以东的Lee Vining Canyon攀冰。劳森是第一个到达冰壁顶部的人。当他将右手冰镐挥入冰壁顶端最突出的部位时,他听到了"魔术贴撕裂"的声音。他眼睁睁地看着两条巨大的断裂线从他的镐头上裂开,在停留了一瞬间后,冰壁被一股水流推了出去。麦金蒂尔距离顶部还有10英尺(1英尺≈0.305m)。3英尺长的水浪,厚厚的碎冰和泥浆,将她从冰壁上推至雪原,她撞到岩石和冰块。经医生检查，麦金蒂尔在事故后有脑震荡、前交叉韧带撕裂、内侧和外侧半月板撕裂、胫骨平台骨折、两个脚踝扭伤、大脚趾骨折、多处挫伤和小撕裂伤等问题。

本书对11起攀冰运动风险事件的过程进行了文字编码处理，识别出29个可能导致风险发生的因素，并将其分为客观风险因素和可控风险因素两类。其中，可控风险因素又分为个体攀冰能力和风险管理因素。在攀冰活动中因客观因素导致危险发生的情况非常多，因此攀冰运动的风险管理更需全面系统、严肃谨慎。在进行风险评估和计划风险应对策略时，攀爬者必须考虑到客观风险因素、个体攀冰能力和风险管理因素等全部内容（表9-1）。

图9-3 冰友攀爬路线图
箭头表示迂回行走；线是上升的直线；圆圈是螺栓锚的大致位置；箭头是登山者试图向下攀登的松散沟壑

表9-1 攀冰风险因素表

类型		具体特征
客观风险因素(7)		雪崩；冰壁崩塌；冰块脱落；气温回暖；冰壁融化；气候回暖；冰块崩塌
可控风险因素(22)	个体攀冰能力(5)	攀冰经验较少；高海拔攀冰经验较少；攀冰技术较低；保护点设置不佳；保护操作错误
	风险管理因素(17)	急躁心理；松懈；低估线路风险；气候判断不准确；冰壁状况检查不及时；线路检查不仔细；未考虑冲坠风险；场地环境了解不足；路线选择失误；低估冰壁难度；未选择安全下降方式；下降风险评估不足；装备准备不足；未检查保护措施；与队友沟通不足；为队友设置保护点不安全

主要参考文献

白丽侠,2023.快乐体育教学模式在中学健美操教学中的实验研究[D].南京:南京师范大学.

陈德明,李晓亮,李红娟,2012.学校体育运动风险管理研究述评[J].北京体育大学学报,35(9):102-108.

程蕉,2013.户外运动风险管理的法学分析[J].体育文化导刊(1):16-20.

国家体育总局职业技能鉴定指导中心,2012.攀岩[M].北京:高等教育出版社.

姜梅英,2013.中国山地户外运动风险防范机制研究[D].北京:北京体育大学.

李晓亮,2011."运动风险"概念的剖析与界定[J].哈尔滨体育学院学报,29(6):20-24.

刘华荣,2017.我国高校户外运动风险管理研究[D].北京:北京体育大学.

毛振明,2017.体育教学论[M].北京:高等教育出版社.

彭建敏,程在宽,2004.对竞技健美操体能的概念及构成因素的研究[J].北京体育学院学报,27(4):3.

沈亚飞,李启迪,2020.以"体育学科核心素养"为视角的体育课堂教学目标设计例析[J].体育教学,40(1):2.

石岩,吴慧攀,2009.运动员参赛心理风险的理论建构[J].体育与科学,30(1):57-63.

史悦红,2016.我国大型体育赛事风险管理的研究[J].广州体育学院学报,36(1):30-33.

陶宇平,2012.登山户外运动风险管理研究[J].四川体育科学(3):5-8+19.

田麦久,2000.运动训练学[M].2版.北京:人民体育出版社.

王建宇,2013.户外运动安全事故防控对策研究[J].体育研究与教育,28(1):118-120.

王立群,张瑜,孟令滨,2014.高校户外运动课风险管理探究及应对策略[J].哈尔滨体育学院学报,32(6):67-70.

王小军,2009.浅析体育教学中游戏法与竞赛法的异同[J].体育师友(5):2.

魏凤鸣,2010.浅论中学体育课教学中的语言技巧[J].读写算:教育教学研究(27):30.

徐建华,2015.美国大学生篮球联赛参赛队训练特征研究[I].中国体育科技,51(3):41-48.

闫闯,2012.我国高等院校拓展训练课程教学理论的研究[D].北京:北京体育大学.

叶海波,张莹,杨蕊竹,2015.高校滑雪课风险管理及安全策略[J].冰雪运动,37(2):66-70.

袁伟平,陈文辉,2013.简析学时体育教学计划的制订及案例[J].青少年体育(6):2.

张春军,2012.我国男子职业篮球运动员体能训练现状分析与对策研究[D].天津:天津工业大学.

张大超,李敏,2009.国外体育风险管理体系的理论研究[J].体育科学,29(7):43-54.

张洋,2018.陆军特种兵的常规体能训练研究[D].济南:山东师范大学.

CRAIG L B,2002. Knots for climbers[M]. Singapore:Globe Pequot Press.

附　录

北京：位于华北平原西北边缘，每到冬季，冰河与冰瀑交相辉映，蔚为壮观。岩与水的交融，造就了北京丰富的冰瀑资源。北京的天然冰瀑总体资源十分丰富，但又较为分散，大部分冰瀑隐于深山沟谷中。以密关路、琉辛路和京加路所包围的云蒙山环线就已发现了 26 处冰瀑，比如云蒙峡的百米瀑、白河沿线的望川瀑、云蒙山的珍珠瀑和天仙瀑等大型冰瀑，门头沟区是第二个冰瀑资源相对集中的地域，从斋堂经清水河到安家庄一带，就有双龙峡、瓜草地、马栏林场和安家庄等多处冰瀑群。

河北：位于青龙满族自治县花厂峪的北龙潭和南龙潭是攀冰爱好者的必打卡之地。赞皇县嶂石岩的冻凌背，35m 的垂直冰柱是高端玩家的首选。邢台市云梦山景区内的七叠瀑形成壮观冰壁和拥有全华北落差最大瀑布群的保定市阜平县天生桥都有品质不错的冰瀑，且两个景区近些年都举办过以攀冰为主题的活动，对攀冰运动的态度相对友好。

山西：坐拥太行山脉，森林茂密，峡谷毗连，多瀑布湍流，冬季是攀冰爱好者的打卡胜地。从太原出发，接近性较好且分布较集中的冰瀑主要在灵石和霍州附近的太岳山脉中，这里拥有石膏山滴水崖冰瀑、红崖峡谷冰瀑、红崖峡谷夹板沟冰瀑、尽林头村三清寨冰瀑、后悔沟六沟冰瀑，还有位于临汾市的霍州悬泉飞瀑、霍州罗润峪八连瀑、霍州七里峪正南沟冰瀑、曲沃县窑院村晋殿悬冰瀑、柏林村瓦窑沟冰瀑等，都是山西境内著名的攀冰场地，有难度较高、体验性极强的冰壁，也拥有接近性、玩耍性好的冰壁，能满足攀爬者各式各样的体验需求，晋中市灵石县还举办过多次攀冰技能培训班。

内蒙古：内蒙古受西伯利亚高压影响，冬季气温较低，内蒙古曾成功举办过两届国际登联攀冰世界杯分站赛。位于内蒙古省会呼和浩特城北的大青山拥有著名的"世界末日"冰瀑，难度适宜、接近性极佳、攀爬周期也比较长，堪称国内攀冰胜地之一。

东三省：三省大体属于温带季风气候，但由于部分地区纬度较高，冬季寒冷漫长，且东北地区山地多，冰雪资源丰富，非常适合攀冰运动。长春莲花山目前是东三省最长的人工冰壁,高 30 余米,长 400 余米,贯穿东西,呈弧线造型,冰瀑造型是仿照"尼亚拉加大瀑布"建造的。2019 年长春莲花山攀冰大会——第二届莲花山冰雪节暨中国北方攀冰项目公开赛(长春站)在此地举办。辽宁省葫芦岛市建昌县枣木杠户外探险公园是人工浇筑的冰壁,攀冰爱好者可以从 12 月中至翌年的 4 月,特别是被国家攀冰队作为训练基地的枣木杠户外探险公园,能够体验各种难度冰壁的攀爬,这里大概是能让新人快速学会攀冰运动的最好地方。

西北:西北地区属温带大陆性气候,该地区冬季持续低温,致使冰瀑的质量高,冬季冰期较长。这里以青海西宁湟源大黑沟冰瀑、乌鲁木齐达坂城区三个山冰瀑和宁夏银川贺兰山冰瀑为代表的人工冰壁,为当地爱好者提供了更稳定的攀冰场所。

四川:双桥沟位于小金县境内的四姑娘山风景区,受冷高压气候的影响,一到冬天,这里丰饶的瀑布和溪流就会被冻结成大大小小上百条天然冰壁,冰壁形态各异、变化万千,是理想的攀冰胜地,目前双桥沟攀冰培训机构较多,商业化运作比较成熟,较为出名的有雪山老屋、天空之城、龙壁等冰壁,该冰壁的攀爬难度不大,适合大众参与。